Le paradis bleu de PIERRE QUINON

Alain
Billouin

Le paradis bleu de PIERRE QUINON

Préfaces
Jean Galfione et Renaud Lavillenie

Introduction de Bernard Amsalem

SOLAR
EDITIONS

À Renaud de Laborderie

Quand la lumière jaillit
Couleur jasmin au petit matin
La nature s'éveille dans un souffle et s'installe
Il faut être attentif et s'ouvrir avec elle
Parce que tout est là
Parce qu'ici la vie prend sa source
Parce que plus tard il sera trop tard
La nuit pointera son regard noir…

Extrait du poème de Pierre Quinon
Le petit matin

Là-haut sur l'Olympe

par BERNARD AMSALEM,
président de la Fédération française d'athlétisme

Pierre Quinon fut le premier en 1984, puis ce fut le tour de Jean Galfione en 1996, et Renaud Lavillenie a prolongé la fête en 2012 ! Oui : ils ont bien été tous trois champions olympiques de perche en trente ans ! Quel bonheur pour l'athlétisme français et ceux qui adorent ce sport ! N'ont-ils pas offert la plus belle image de cette discipline française audacieuse et conquérante portée par un rêve longtemps caressé aussi par nos grands entraîneurs ?

Ce n'est pas un hasard non plus si nos trois champions ont su aller au-delà de la norme pour atteindre cette ambition. Ils sont eux-mêmes des champions hors norme !

Pierre Quinon est bien celui qui a ouvert la voie à Los Angeles, en compagnie de Thierry Vigneron, multiple recordman du monde. Tout s'est passé lors d'une période particulièrement faste. Pierre, en 1984, était alors un jeune athlète extrêmement doué, réservé, un peu introverti, parfois dans le doute… mais totalement explosif et transcendé par l'événement. Premier à s'emparer de la lumière olympique, il n'a pu modifier malheureusement ensuite le cours de son destin.

Jean Galfione possédait, lui, la plastique parfaite de l'athlète athénien et il savait exercer habilement son sens stratégique dans les concours-clés comme à Atlanta. Il avait en lui cette force qui soulève l'ambition.

Puis Renaud Lavillenie est arrivé avec son côté atypique, un gabarit inhabituel, un talent unique et ce petit grain de folie qui permet de surmonter les peurs, les difficultés et de jongler avec les barres les plus hautes comme à Londres en 2012.

Les prouesses mais aussi l'élégance humaine de tels champions constituent notre fierté. Ils ont fait rêver hier et continuent de susciter des vocations aujourd'hui parmi les plus jeunes. Grâce à eux, ce sont aussi de beaux souvenirs qui reprennent vie dans cet ouvrage qui remonte l'échelle du temps et propose de belles escalades... perche en mains!

BERNARD AMSALEM

PRÉFACE DE JEAN GALFIONE

Champion olympique à Atlanta en 1996

Sans doute Pierre cherchait-il toujours le sens de la vie comme les signes du destin et peut-être aurait-il fait sienne la citation d'Ernest Hemingway, auteur qu'il aimait, affirmant «qu'aux plus importantes croisées des chemins de notre vie, il n'y a aucune signalisation». Le fil de sa vie s'est déroulé en effet d'une manière tellement imprévisible...

Pierre, je lui en suis reconnaissant, a bien ouvert en tout cas la voie de ma destinée comme à d'autres perchistes d'ailleurs. Tout est parti de la fameuse histoire de *Paris-Match* que j'ai souvent évoquée. J'avais à peine 13 ans, à l'époque de sa victoire olympique à Los Angeles. Sur les photos du magazine, on voyait Pierre si près des nuages et avec toute cette joie sur son visage! Ce fut pour moi un déclic. Je serais perchiste. C'était décidé. Et puis on s'est connu. Et la première fois, j'ai réalisé en voyant la lumière de son regard, et l'éclat de son sourire, sa prestance, sa classe, sa valeur humaine qu'il était un authentique champion olympique. Bref, il donnait envie d'être un champion comme lui, d'atteindre des sommets, de se passionner pour notre discipline... C'est surtout au cours de la fin de sa carrière quand il est venu s'entraîner quelque temps à l'INSEP que se sont noués entre nous les premiers liens très forts. Il nous donnait des conseils précieux. Parfois, le soir, à la nuit tombante, il regardait le ciel et il parlait avec ses petites phrases, son ressenti, des mots simples. Il avait une force en lui pour aller au bout de ce qu'il voulait, une belle envie de vivre. Il n'avait pas peur de rêver. On sentait qu'il était avant tout un homme libre.

Sans doute Pierre a-t-il connu une réussite exceptionnelle trop jeune et une carrière trop vite stoppée à cause de ses blessures à une époque où le statut olympique offrait moins de possibilités de soutien que maintenant.

Notre amitié s'est renforcée au fil du temps. Il adorait la voile. C'est une discipline où l'on retrouve des vertus qui conviennent aux perchistes… Hélas la dernière fois que j'ai vu Pierre, ce fut lors de la régate SNSM, en Bretagne. Il était tellement heureux d'embarquer avec moi sur *Talanta* pour vingt-quatre heures de navigation avec les grands skippers. Il avait une très grande culture, une belle pratique de la voile déjà. Il m'avait envoyé un message évoquant ma réflexion en blaguant, au milieu de la nuit et en pleine mer : «Qu'est-ce qu'on fout là?» et conclu : «Tu sais, le problème à terre, c'est que tu ne te poses plus la question… Merci pour cette belle nav, et bon vent!»

Pierre, je l'aimais pour sa sensibilité. Il était toujours dans l'émotion, la remise en question. Il était entier. Il a hélas disparu dans des circonstances violentes. Malgré tous ses doutes, ses troubles, je pensais qu'il adorait sa vie. Il faisait encore des projets. On avait envie de traverser ensemble l'Atlantique…

PRÉFACE DE RENAUD LAVILLENIE

Champion olympique à Londres en 2012

Je n'étais pas encore né lorsque Pierre Quinon est devenu champion olympique en 1984, je n'ai donc pris conscience de l'ampleur de son exploit que beaucoup plus tard, même si à 4 ans mon père m'avait déjà donné l'envie d'être perchiste. C'est curieux en fait, car Pierre Quinon a été l'idole de Jean Galfione, et celui-ci est devenu mon idole quand j'étais jeune garçon. Et tous trois nous avons été champions olympiques. C'est bien là l'image parfaitement symbolique de la continuité de la perche française à travers l'histoire.

Pierre, j'ai eu la chance de le rencontrer quelquefois comme lors d'un anniversaire de l'entraîneur Georges Martin, à Bordeaux ou après mes 6,03 m, à Bercy, en mars 2011. Nos échanges ont alors été extrêmement chaleureux. Tant sur le plan humain que dans le domaine du partage de notre passion commune. J'ai tout de suite réalisé que Pierre était un être et un champion à part, incroyablement calme, posé, humble, discret, réfléchi, très ouvert aux autres. Tout le contraire d'un champion étalant la fierté d'un palmarès pourtant prestigieux. J'ai aussi compris qu'il cherchait les vraies valeurs des choses, celles de la vie. Il voulait toujours donner un sens à ce qu'il entreprenait. Rien n'était fait au hasard et tout s'est vérifié lorsqu'il s'est lancé dans la peinture. Même instinct perfectionniste, même recherche d'absolu que lorsqu'il était perchiste.

Il adorait parler de sa discipline, et sur ce terrain, on a pu établir immédiatement une très belle communication autour de cette quête d'un idéal technique que tous les perchistes revendiquent dans la même communion d'esprit. Nous sommes différents, nous ne sautons pas de la même manière, chacun a ses repères, mais nous voulons aller le plus haut possible avec une prise de risque maximale. Alors, nous aimons en discuter car nous avons ça dans le sang ! De plus, en France, on constitue une vraie famille, avec sa tradition, sa culture, sa méthode... Ce n'est jamais un hasard quand l'un d'entre nous perce au haut niveau. On sait pourquoi il a connu l'étincelle.

Tous finalement nous sommes dans l'analyse permanente des sensations, la recherche de la concentration, de la confiance. Cela est valable pour chaque saut. En compétition comme à l'entraînement. Personnellement, lors d'une séance, je peux effectuer entre 60 et 80 sauts ! Je me rapproche de Thierry Vigneron. Pierre, en revanche, sautait peu à l'entraînement. En fin de compte, nous éprouvons régulièrement cette nécessité de confronter nos expériences car cela peut nous aider dans la recherche de la vérité, celle qui peut conduire au « saut parfait ».

Pierre avait aussi cette approche. Il appartenait au même monde. Hélas, il nous a quittés et sa disparition a été très durement ressentie dans le milieu de la perche française. Tant de questions ! A-t-il connu la réussite trop jeune dans sa carrière, à 22 ans, avant de rencontrer très vite tous ses ennuis physiques ? Inexplicable. Ce fut un grand choc pour nous tous. Reste ce si beau souvenir d'un champion qui a ouvert pour nous la voie olympique en 1984, à Los Angeles. Jean a pris ensuite son sillage. Puis j'ai fait mon chemin, conscient et fier de perpétuer une très belle tradition.

1

SON AMÉRIQUE À LUI...

« Je conduis. Pierre, assis près de moi, ne dit pas un mot. Seul son visage est illuminé par un rayonnement intérieur. »

JEAN-CLAUDE PERRIN

Le bonheur de vivre tout simplement. Oui, comme la vie lui paraît douce et belle sur le moment ! Pierre Quinon est entré dans la légende. Il a réussi le plus sublime des paris. Devenir champion olympique ! Une grâce du ciel saisie au vol avec un saut de 5,75 m au premier essai. Le regard perdu dans l'infini de cette belle nuit étoilée californienne, il se laisse maintenant happer insensiblement par la paix soudaine et magique qui envahit tout son être.

Il est bientôt 23 heures et la Buick break, couleur bordeaux, pilotée par Jean-Claude Perrin, file tranquillement, avec les perches sur le toit, sur l'imposant San Diego Highway 405. Six voies dans chaque sens, direction Westwood et Beverly Hills !

Silence religieux dans la voiture. Le coach et l'élève se parlent peu, échangent juste quelques mots. Ils ont quitté depuis peu, avec l'ami Philippe Sivillon, la féerie du majestueux Coliseum aux 90 000 spectateurs après le contrôle antidopage et surtout les interminables interviews avec tous les journalistes français. La pression énorme s'est estompée. Le temps s'est arrêté. Les voici vraiment seuls au monde. Comme délivrés. Simplement emportés par la circulation qui s'écoule comme une rivière tranquille éclairée par les feux mouvants et scintillants des phares et tous les flashs multicolores des panneaux publicitaires.

Le break glisse sans bruit sur le freeway. Impression de calme absolu pour cette équipée nocturne qui va durer une quarantaine de minutes vers le nord-ouest de Los Angeles. Une longue respiration en fait. Moment de pur bonheur au terme de cette folle journée du 8 août 1984.

C'est donc l'heure du retour vers la villa cossue d'Hillside Drive, perchée sur les collines dominant Beverly Hills, située à côté de luxueuses propriétés entre palmiers, acacias, eucalyptus. Clin d'œil du destin : depuis cette villa il est possible la nuit d'apercevoir au loin, comme une terre promise, l'écrin du Memorial Coliseum balayé par ses puissants sunlights. Décor ici vraiment sublime qui s'étend à l'ouest de Santa Monica et ses plages de sable blond et soyeux, bordant le Pacifique, jusqu'au très classe et branché Westwood, plus à l'est. C'est dans cette villa avec piscine, louée à un ami, parti en vacances à Tahiti, que «la bande à Perrin» s'est installée depuis le 11 juillet avec Pierre Quinon, Thierry Vigneron, Patrick Abada, Philippe Sivillon, l'entraîneur Alain Ripoll, un cuisinier prénommé Roger, l'ami de la famille Kaddour Rahal… Objectif : préparer au mieux «le raid final» sur les JO 1984. Affiner directement sur place le plan d'attaque. Au programme : quelques meetings de réglage à Berkeley et Walnut et un maximum de repérages avant les trois coups olympiques du 28 juillet.

Beverly Hills? Attention, les boys de Perrin n'ont pas pris la grosse tête! Le choix n'était pas prémédité. Simplement plus pratique pour les déplacements. Mais, dans un sens, tous les rêves un peu fous de cette joyeuse bande sans complexe s'inscrivent très bien au cœur de l'Olympe des superstars du cinéma américain, près des grands studios hollywoodiens. Très commode aussi, pour envisager l'entraînement grâce à la proximité de la fameuse université d'UCLA rendue célèbre aussi par ses grands athlètes et ses excellentes installations sportives… sauf qu'au dernier moment et fort curieusement les portes de ce sanctuaire du sport US leur seront bel et bien fermées!

Tout en roulant de concert avec Philippe Sivillon, Jean-Claude Perrin et Pierre Quinon, à l'avant du véhicule, se doutent qu'une belle fête joyeuse se profile dans la villa. Les amis ont dû déployer les guirlandes. En attendant ils savourent en complices cette tranquille solitude à deux.

Le scénario a donc parfaitement fonctionné. Pierre est champion olympique! Médaille d'or de la perche au bout d'un combat épique avec ses deux grands rivaux américains

Mike Tully et Earl Bell… et son copain du Racing Thierry Vigneron, autre grand favori, finalement médaillé de bronze. Le triomphe de Pierre n'est pas vraiment une surprise. N'a-t-il pas déjà battu le record du monde en 1983 avec 5,82 m à Cologne et tenté le premier au monde, avant Bubka, la fameuse barre mythique des 6 m ! Il rayonne maintenant sur un tout autre sommet qui lui est à jamais éternel. Il a enfin concrétisé par un très grand titre aux JO tous les espoirs d'une perche tricolore constamment sur le devant de la scène depuis cinq ans… mais aussi trop souvent malchanceuse, voire décevante, dans les événements majeurs comme aux JO de Moscou, en 1980.

Pierre mesure en tout cas l'ampleur de son exploit. Il imagine tout le bonheur qu'il vient d'offrir à la France. Gros titres à prévoir dans les journaux. Passages en boucle à la télé des 5,75 m, de son explosion de joie. Et la célébration du podium… Jean-Claude Killy dira plus tard : « Ce fut comme un coup de tonnerre dans le ciel ! »

Maintenant qu'il a quitté la frénésie et les fastes du Coliseum de Los Angeles, laissant aussi derrière lui, sur le chemin du retour, les gratte-ciel de Downtown, Pierre se sent assailli par une foule de sentiments. Ivresse maîtrisée et contenue après ce génial succès. Légère inquiétude sans doute à l'idée d'avoir à assumer dorénavant une célébrité nouvelle très pesante. Il est devenu le huitième Français de l'Histoire champion olympique en athlétisme, première discipline aux JO. Le cinquième seulement depuis la guerre après Micheline Ostermeyer (1948), Alain Mimoun (1956), Colette Besson (1968) et Guy Drut (1976).

Pierre est un garçon connu pour sa sensibilité à fleur de peau et son naturel assez complexe et intériorisé. On admire son énergie de combattant inflexible, en compétition, toujours réactif lorsque Perrin lance son fameux «moral de vainqueur!» mais il est également assez vulnérable psychologiquement... Si Pierre est d'un naturel calme, réfléchi, à la fois authentique, spontané, attachant, on le sent parfois assailli par le doute et même enclin à systématiquement tout relativiser quand c'est trop beau...

Jean-Claude Perrin le connaît si bien! Tandis que la route défile, le coach affiche au volant le même calme inaltérable que son protégé. Il n'a cessé de l'observer du coin de l'œil, intrigué par ce besoin de recueillement, cette torpeur singulière qui a saisi Pierre Quinon.

«L'impression, confiera-t-il plus tard, est vraiment que Pierre a été touché par une main céleste, mais qui le fige. Son visage irradie doucement. Curieusement sa joie reste en dehors. Quelque chose brûle en lui qui le rend émouvant et serein.»

Jean-Claude Perrin, l'homme qui avec l'aide de son jeune adjoint Georges Martin, a fait de Pierre un champion olympique, respecte donc ses silences. Un peu «sonné» lui aussi, au terme d'une journée éreintante, stressante, mais euphorique, il préfère sécuriser la conduite du break au milieu du flot d'une circulation encore dense à la tombée de la nuit...

Témoin de la scène, Philippe Sivillon constate :

«Jean-Claude Perrin sait combien un tel chemin peut être semé d'embûches. Et là, c'est l'or pour Pierre, le bronze pour Thierry. Pierre, lui, a sa médaille en poche. Tout est tranquille, il est calme, le vrai bonheur.»

Et puis surprise ! Pierre brusquement sort de sa torpeur. D'un petit filet de voix à peine audible, lentement il égrène ces quelques mots qui le libèrent d'une charge émotionnelle si longtemps contenue :

«Tu vois, Jean-Claude, je voudrais tellement que ce moment ne s'arrête jamais !»

Dehors, les étoiles emplissent le ciel et scintillent de tous leurs feux. Pour Pierre c'est comme si s'entrouvraient les portes du paradis. Mais, conscient qu'il a connu en deux ans une ascension prodigieuse, ne vient-il pas en même temps de s'envoler vers d'autres espaces dont il ne parvient plus à cerner clairement les limites. Comment va-t-il rattraper sa vie de jeune héros olympique au bout de cette nuit magique ? N'a-t-il pas déjà atteint à 22 ans le pic de sa carrière ? Comment parviendra-t-il à tracer une autre route ? Une page se tourne. Seule certitude : il ne changera pas, il restera le même. Tout chavire un peu dans sa tête. La lumière solaire de cet exploit olympique ne porte-t-elle pas déjà aussi une toute petite part d'ombre... Et pourtant, comme elle est douce cette nuit californienne où se dessine l'aube d'une nouvelle vie !

2

AU SOLEIL DE L'ENFANCE

«Je dois tout à ma famille qui m'a donné une éducation physique poussée. Je dois tout à mon père qui m'a fait partager sa passion pour l'athlétisme.»

PIERRE QUINON

Henri Quinon n'est sûrement pas le premier père qui, à la naissance de son garçon, l'a serré dans ses bras en pensant : «Tu seras un homme, mon fils.» Mais nul doute qu'il ait formé très tôt également le rêve de voir, avec Pierre, briller un jour l'éclat de ces médailles qui peuvent illuminer toute une vie.

Quand Henri Quinon, sa femme Jeanine, leur fille aînée Isabelle et Pierre, viennent se poser en 1967, dans un petit pavillon sur les hauteurs de Salaise-sur-Sanne, en Isère, à quelques kilomètres de Vienne, et dans une bourgade toute proche de l'Autoroute du Soleil et de la fameuse Nationale 7, Pierre est encore un tout petit garçon de 5 ans. La vie va changer pour lui et les siens. Henri le père, comme son épouse, est un Lyonnais bon teint qui s'exprime avec l'accent «gone» de sa ville d'origine. Ils ont quitté Lyon dès 1963 et ont d'abord occupé un logement au Clos Ducurtil. Dessinateur industriel dans la société d'électrochimie d'Ugine, il occupe un poste d'agent de maîtrise chez Rhône-Poulenc, le géant de l'industrie chimique, à la base notamment du grand développement de la chimie des plastiques.

Henri Quinon est un homme enthousiaste, énergique. Une autorité incontestable émane de sa personne. Il adore le sport et surtout l'athlétisme. Il a été champion de France junior sur 400 m sous les couleurs du FC Lyon. Pour lui, bien sûr, il existera toujours un lieu magique et idéal pour enchanter ses deux enfants : le stade ! Il est donc déjà convaincu qu'en ouvrant les portes de cet univers à Pierre il lui apprendra non seulement à se libérer, à se dominer, à n'avoir peur de rien, mais aussi à affronter la vie avec humilité et la tête haute.

À Salaise, la vie est paisible, la bourgade en pleine expansion et fière de son passé avec le monastère du Prieuré des Moines qui ramène à l'époque carolingienne, le pont romain aux trois arches qui enjambe la Sanne, la fontaine Saint-Just édifiée par des pèlerins au XVIIe siècle, sans parler des maisons typiques du Roussillonnais bâties avec des galets. Ce pays dit «des saules» possède aussi un petit aspect champêtre qui rend ici la vie agréable avec la réserve naturelle de l'île de la Platière, des espaces verts, agrémentant un paysage où se dressent, il est vrai, un peu plus loin les hautes cheminées de Rhône-Poulenc.

Pierre va donc passer ici une belle jeunesse guidée vers sa vie d'homme, par son père donc, comme par sa mère :

«C'est dans sa prime enfance un petit garçon plein de vie et toujours en mouvement, raconte-t-elle. Il est profondément gentil. Assez polisson. Un enfant attirant, sensible, avec ses cheveux châtains frisés, son beau visage clair, son regard si bleu. Il sait très tôt qu'il exerce un charme et peut en user. D'ailleurs quand il fait des bêtises et qu'on s'apprête à le gronder à la maison, il dit parfois avec malice : "Vous ne pouvez pas me disputer, quand même, avec les yeux que j'ai!" »

Pierre, il faut aussi le surveiller comme du lait sur le feu. Sa maman se souvient qu'un jour d'été où ils allaient sur la plage à Hendaye, elle lui avait mis volontairement des petits vêtements de couleur rouge. Il était capable de s'échapper à tout moment de la serviette de bain sur laquelle elle l'avait posé... Ce qui se produisit d'ailleurs à son grand affolement!

Très tôt, il aime courir, sauter et dans le jardin familial à Salaise, il a vite fait de remarquer que le muret mitoyen, avec la maison d'à côté, ne fait que 80 cm de haut. Déjà il va dénicher une grosse baguette de bois pour tenter régulièrement de le franchir comme pour un saut à la perche.

«Pourtant, explique sa maman, il n'a alors que 8-9 ans et n'a pas encore fait de Jean-Michel Bellot son idole à la perche. En réalité, c'est instinctif chez lui. Le besoin de maîtriser l'espace. Je m'en rendrai compte plus nettement quelques mois après, à la piscine de Salaise. Il a alors tout juste 10 ans. Il est monté tout en haut du plongeoir sans crier gare. Effrayée, je m'apprêtais à lui crier de descendre immédiatement mais le maître-nageur m'a dit : "Je m'en occupe. Laissez-le faire !" Et Pierre a sauté dans l'eau, de tout là-haut, ravi de son exploit ! »

Pierre va d'abord à l'école maternelle à Roussillon, l'une des quatre communes regroupées avec Salaise. Puis ce sera l'école communale Joliot-Curie et le lycée de Roussillon.

Si sa mère lui a appris à se montrer poli et respectueux avec les gens du voisinage, son père s'efforce, lui, de le confronter aux réalités de la vie, l'incitant à façonner lui-même sa personnalité, à être courageux, responsable... Ce ne sera pas trop dur. Le petit garçon a un caractère affirmé. Il va faire son chemin...

Pour Henri Quinon – décédé d'un cancer en 1998 – les choix essentiels de la vie future de son fils peuvent en tout cas graviter autour du monde fraternel et convivial du sport, excellent catalyseur d'émotions et d'objectifs valeureux.

Alors très tôt, un lien puissant les unit, tandis que sa mère l'entoure de toute son affection. Elle sait se montrer toujours attentive, compréhensive Sa confiance, sa gentillesse sont persistantes. Elle est constamment protectrice comme Isabelle, la sœur aînée de Pierre qui deviendra championne d'Isère du 800 m en cadettes.

Le binôme père-fils se met, lui, à fonctionner rapidement sur un assez haut voltage. D'abord avec l'approche un peu générale de toutes les pratiques sportives : handball, natation, ski, football. Rayon athlétisme, Pierre va s'essayer un peu à tout. Son père le guide d'une manière impeccable. Avant de se fixer sur une discipline, Pierre doit être un athlète complet.

Dès l'âge de 10 ans, il est inscrit au Rhodia Club du Péage-de-Roussillon (RCPR) de l'agglomération et il s'adonne donc aux épreuves combinées.

«Au départ, a confié un jour Pierre, j'étais vraiment très excité par toute la diversité des activités de l'athlétisme mais peut-être plus attiré par les sauts. Tout petit, j'ai toujours été assez remuant. J'avais de l'énergie à revendre. J'aimais bien sûr me frotter aux autres. La hauteur m'attirait (record à 1,54 m en benjamins) mais j'avais un copain toujours meilleur que moi. Et puis la perche s'est présentée, déjà dans le cadre des épreuves combinées. J'avais de réelles dispositions... et une envie d'aller toujours plus haut et de dominer mes rivaux. Un mental de compétiteur en somme.»

Henri Quinon a compris qu'il y avait un deal à jouer avec Pierre. Il s'est procuré les fiches d'entraînement réalisées par la FFA, largement inspirées de l'ouvrage publié par le «grand prêtre» de la perche en France, Maurice Houvion, en 1968, «dans un but essentiel de vulgarisation pour cette discipline», précise celui-ci. Elles provenaient également des écrits de Maurice Houvion dans les publications de l'INSEP et de l'AEFA. Henri Quinon va alors entraîner son fils à la perche, au Rhodia Club du Péage-de-Roussillon. L'impulsion est donnée. Et Henri, le père, dessine pour son fils les premières cibles.

Jean-Paul Forlot, son professeur d'EPS en 4e et 3e au collège de Roussillon, se souvient qu'en minimes 2, Pierre, pour la première fois en scolaires, décroche une médaille d'argent aux championnats ASSU, à Saint-Étienne : 3,90 m derrière Alain Auclair et devant celui qui deviendra plus tard son meilleur ami, au Racing, Éric Neyvoz. Pierre, l'année précédente, en 1976, avait terminé sixième des mêmes championnats ASSU à Besançon.

«Je m'occupe surtout de lui à la longueur et sur les haies, au stade des Cités, à Roussillon, précise Jean-Paul Forlot... car pour la perche, c'est son père qui supervise tout. Il est omniprésent. Il suit à la lettre les documents techniques de la FFA. Très bon choix car Pierre possède effectivement une étonnante explosivité naturelle qu'il exprime superbement à la perche. Sa voie est toute tracée. Il est assez casse-cou et je le vois souvent se régaler avec des sauts périlleux sur le trampoline. J'ai très vite réalisé aussi qu'il avait un mental de compétiteur.»

Éric Neyvoz, déjà élève de Jean-Claude Perrin, et troisième du concours minimes, à Saint-Étienne, raconte qu'il a été assez subjugué en découvrant ce concurrent classé deuxième et au profil atypique :

«Une explosivité incroyable malgré une technique peu domestiquée, précise-t-il. Quand mon frère Sylvain m'a accueilli à la gare, à Paris, au retour de Saint-Étienne, je lui ai dit tout de suite : “J'ai vu un gars étonnant, classé deuxième, juste devant moi. Il s'appelle Pierre Quinon. C'est une véritable bombe atomique !” »

Éric Neyvoz confirme aujourd'hui :

«J'ai eu ce jour-là comme une prémonition. Dans mon esprit, Pierre devenait l'archétype du perchiste de demain !»

Maurice Houvion confirme cette impression «de jamais vu» après l'avoir découvert plus tard en cadets : «Pierre possède d'instinct une technique course-présenté-impulsion enchaînée qu'on ne voyait pas chez les autres avec un style vraiment très personnel.»

Pour se retrouver dans un contexte perche favorable, et sur un sautoir de qualité en extérieur ou dans un gymnase, Henri Quinon et Pierre partent en chœur, tous les quinze jours, avec la voiture familiale, les perches sur le toit. Direction Bourgoin-Jallieu. Opération spécifique perche avec le groupe excellemment dirigé par un très bon technicien, Jacques Victor :

«J'ai découvert un petit gars adorable et qui le restera toujours, raconte ce dernier. Toujours souriant et positif. Très impliqué, très à l'écoute mais aussi déterminé dans ses choix, en tout cas idéalement préparé déjà physiquement et psychologiquement par son père. Il a le goût du risque et ne recule devant rien. Je l'ai vu, au début, multiplier des sauts où il partait en travers et se récupérait tant bien que mal... en dehors du matelas de réception. Jamais perturbé. Jamais effrayé. Toujours prêt à se relancer! J'ai aussi réalisé qu'il avait une parfaite connaissance de son corps dans l'espace.»

Quant aux perspectives d'avenir, Jacques Victor se souvient qu'au cours d'un stage hivernal en cadets à l'INSEP, organisé par Maurice Houvion et Jean-Claude Perrin, un entraîneur polonais de renom, voyant sauter Pierre, est venu lui dire : «Ce garçon a des dispositions physiques exceptionnelles. C'est une perle pour l'athlétisme français. Il ira loin!»

Alain Behm – frère de l'ancien recordman de France du 400 m haies, l'international Jean-Jacques Behm – est un ancien décathlonien et jeune professeur d'EPS, muté en 1967 à Roussillon, qui, très rapidement, a eu le même avis flatteur sur l'avenir athlétique de Pierre. Ami très proche d'Henri Quinon, le père, et de toute la famille, il a suivi les premiers pas de Pierre sur le stade d'athlétisme de Roussillon. C'est lui, d'ailleurs, qui avait conduit en voiture Pierre aux championnats de France ASSU, en minimes, à Saint-Étienne. Il l'a entraîné à la hauteur au Rhodia Club et au handball, à l'association sportive. Il a aussi découvert les facettes d'une personnalité étonnante et attachante :

«Un petit garçon tonique, avec beaucoup d'influx, à la fois discret, agréable, toujours impeccable, élégant dans son habillement comme dans son comportement, mais aussi très passionné, précise-t-il. Il ouvrait grand les yeux sur les activités de l'athlétisme et voulait s'investir avec enthousiasme. Un jour où j'avais réclamé à mes élèves de 5e un volontaire pour diriger une séance d'entraînement, il s'est immédiatement proposé pour intervenir sur la course de haies. J'ai été sidéré par son aisance d'expression. Quelle présence ! Ses copains étaient captivés.»

Bien sûr, toute la vie familiale s'est rapidement ordonnée autour de la carrière sportive très prometteuse de Pierre : «L'entraînement devient de plus en plus prenant, raconte aujourd'hui Jeanine Quinon, sa mère, et parfois je ne peux m'empêcher alors de dire à mon mari : "Laisse-le respirer un peu !" Mais c'est aussi une forme de bonheur intense pour la famille. Nous partons ensemble sur les sites de compétitions dans la région, à Chambéry, Annecy, Aix-les-Bains, Grenoble, Bourgoin-Jallieu... Moi, je préfère ne pas aller au stade car je redoute de lui transmettre ma peur ! Nous commençons aussi à regrouper tous les articles sur Pierre.

L'ambition gagne du terrain. Son caractère aussi se durcit un peu. Avec son père c'est fusionnel mais aussi conflictuel. Il ne faut pas oublier non plus son travail en classe. Parfois, Pierre revient de mauvaise humeur à la maison. Il jette son cartable et descend au sous-sol se défouler sur sa batterie !»

Pierre a du caractère. Il le prouvera plus tard dans les situations les plus extrêmes de la haute compétition. Henri Quinon a en tout cas réalisé à un moment qu'il doit l'orienter vers des structures plus solides. Pierre a également profité parfois des conseils de Christian Bourguignon (Lyon), Jean-Louis Esclanguin (Grenoble) et Michel Pressigny (Chambéry). Maintenant, c'est le grand départ à Salon-de-Provence à l'automne 1979, après le titre de champion de France cadets. Il va passer sous la coupe de Louis Fabiani, un ancien de l'équipe de Raymond Thomas avec Michel Lourie et Michel Ollivary au lycée de Montgeron. Louis Fabiani a créé, à Salon, une section sport-études avec Jacques Pelgas. C'est l'un des rivaux de Pierre en cadets, Olivier Dameron, qui l'a incité à les rejoindre, peu après les premiers 5 m de Pierre au cours d'un stage d'été à La Réunion.

«Dès sa première séance, j'ai vu qu'il prenait une perche très forte et ne manquait pas de souffle, raconte Louis Fabiani. Je trouvais qu'il avait comme un "don artistique" pour la perche et que, côté compétition, c'était un joueur sur le plan tactique. Je découvrais un jeune athlète cadet dont les qualités motrices et le schéma corporel avaient été idéalement développés par son père. Un talent pur. C'était du pain bénit pour moi. J'aimais chez lui sa légèreté en course, celle d'un félin, et il avait un pied extraordinaire à l'impulsion. Je le trouvais très intelligent tout en réalisant que seule la perche comptait pour lui. Il se désintéressait quelque peu de ses études.»

À Salon tout se passe au mieux. Pierre découvre un autre cadre de préparation tout en préparant son bac G. La saison estivale approche en 1980. Il est désormais junior. Il retourne chez lui, à Salaise. Accident de moto, le 1er mai, en sortie de virage. Luxation de l'épaule. Arrachement des ligaments. Opération fine réalisée par le Dr Hubert à la clinique Saint-Charles de Roussillon, qui sait qu'il est déjà un grand espoir national de la perche. Mais coup d'arrêt provisoire de quelques mois.

Pierre se relance l'année suivante en 1981, heureux de pouvoir retrouver ses rivaux habituels comme Éric Neyvoz, qui se blesse malheureusement très sérieusement au quadriceps après le stage de Nice. Pierre a réussi en janvier 5,30 m à Miramas. Il se prépare pour les championnats d'Europe juniors à Utrecht et décroche la médaille d'argent (5,30 m). Son record personnel passe à 5,50 m, le 27 septembre, à Haguenau et il s'attaque même au record du monde juniors de Thierry Vigneron (5,61 m). Cette fois, Pierre change de dimension.

«Depuis le printemps, Jean-Claude Perrin venait assez régulièrement voir Pierre, à Salon, explique Louis Fabiani. Nous avions beaucoup de stages et Maurice Houvion aussi nous rejoignait parfois. Pierre intéressait manifestement quelques clubs comme le Racing ou l'ASPTT Grenoble, le club de Philippe Collet, perchiste qui l'a battu aux championnats de France juniors, cette année-là. C'était dur pour moi d'envisager son départ mais j'étais persuadé qu'il pouvait s'engager dans une voie royale en rejoignant au Racing toute l'équipe de Jean-Claude Perrin, un homme remarquable. Pierre allait y retrouver deux copains perchistes, très doués aussi : Éric Neyvoz et Alain Benhadda… sans parler des ténors, Bellot, Abada, Vigneron… des modèles pour Pierre. Il pouvait être hébergé près du stade et relancer ses études au lycée de Colombes. Avec le père de Pierre nous avons tout de suite été favorables à son départ en région parisienne.»

Pierre est alors heureux de retrouver Éric Neyvoz avec lequel il a sympathisé lors d'un stage hivernal de jeunes à l'INSEP. «Nous avions partagé la chambre, échangé sur tout, avec la même approche, la même sensibilité, confie ce dernier. Nous nous sommes retrouvés ensuite dans un stage à Nice avec également Alain Benhadda et Alain Morineau. On lui disait : "Viens avec nous au Racing !" Pierre a toujours été un affectif. Il s'est senti un peu seul en arrivant à Colombes, mais très vite nous avons passé beaucoup de temps ensemble. Moi, j'habitais chez mes parents à Asnières où il était accueilli "en famille". Notre amitié s'est renforcée. Nous avons alors partagé une période de belle jeunesse. Vraiment tout partagé. Nos goûts étaient communs. Lui adorait la musique, tout ce qui était son et hi-fi, il aimait les voitures de collection, les motos… et les sensations fortes. Il était déjà aussi attiré par la peinture. Et puis, à l'entraînement au stade, on s'éclatait un peu plus. Je l'admirais pour son engagement passionnel, cette énergie, cette ambition forte qui lui apparaissait comme une évidence. Je voyais bien qu'il rêvait d'absolu et voulait toucher les étoiles.»

En explorant une autre galaxie, en changeant de planète, en entrant dans le clan du Racing, Pierre va pouvoir effectivement s'envoler vers de nouveaux espaces, poursuivre sa course au soleil. Une autre vie commence. Plus périlleuse, mais exaltante.

3

La NASA s'invite à Colombes

«Dans mes rêves chimériques,
je me comparais à Wernher von Braun,
"père" de la conquête de l'espace, qui voulait
lancer ses fusées atmosphériques et mettre
un homme sur orbite lunaire.»

Jean-Claude Perrin

Ni Cap Canaveral en Floride ni Baïkonour au Kazakhstan… tout simplement Colombes et le cadre mythique du célèbre stade olympique des JO de 1924. C'est là que tant de sportifs illustres, footballeurs, rugbymen et athlètes, ont fait rêver pendant près d'un siècle des centaines de milliers de Français et ensuite de téléspectateurs.

Alors vous dites Colombes? Oui, car en ces lieux historiques a été aménagée, au début des sixties, ce qui allait devenir une fameuse «base de lancement» pour quelques nouveaux prototypes de la perche française. Bien sûr, Pierre était ravi de fréquenter ce pôle inédit qui en quelques années a capté tous les regards tandis que fonctionnait brillamment le haut niveau de l'INSEP à Vincennes. Maurice Houvion continuait d'y régner en maître de la discipline, à la fois inspirateur, doctrinaire et animateur mandaté par la FFA.

Mais dans la banlieue nord-ouest, Colombes est devenu progressivement comme une petite «capitale-bis» de la perche française avec sa plate-forme de lancement plus ou moins autonome et parfaitement d'avant-garde. Sur le site et au poste de commandement un personnage haut en couleur et au moral d'acier : l'incontournable Jean-Claude Perrin qui rêve de porter la perche française sur grand écran et sera plus tard nommé entraîneur national par le DTN Jean Poczobut (1978).

Depuis les années 1963-1964, il rayonne dans un registre où s'exercent son enthousiasme, sa vocation formatrice d'éducateur-né, sa compétence technique, et une authentique personnalité de meneur d'hommes qui feront bientôt de lui un manager de haut niveau convoité d'ailleurs plus tard par le tennis français et le PSG.

«Très tôt, confiera-t-il, j'ai rêvé d'une existence largement ouverte sur le monde et au service des autres!»

Il a créé en effet au sein du Racing Club de France, alors club numéro 1 de l'athlétisme français, sa petite «académie de champions en herbe» dans le cadre d'une mission d'initiation à l'origine plus générale touchant aussi haies et javelot. Le Racing a certes déjà produit quelques talents remarquables à la perche comme le multiple champion et recordman de France Victor Sillon, trois fois sélectionné olympique et conseillé en équipe de France par Jacques Dudal. Sillon et Dudal ont été avec Joseph Maigrot ses professeurs à l'école normale d'éducation physique de l'INS en 1960. Ils l'ont également attiré vers le Racing. Et sous la houlette de Jean-Claude Perrin, les couleurs «ciel et blanc» vont se mettre à briller d'un éclat particulier.

La dynamique nouvelle est assez inédite. Jean-Claude Perrin, professeur d'EPS au lycée de Bois-Colombes, a commencé, au départ, à attirer lui-même un maximum de jeunes du lycée et des quartiers avoisinant le stade. Au fil des ans, dans chaque catégorie d'âge, les néophytes sont devenus très performants. Incroyable : autour des années 1980, les meilleurs d'entre eux, à peine âgés de 20 ans, se permettent de tutoyer les ténors de la perche mondiale : Américains et Soviétiques. Et voici qu'ils s'attaquent aux records du monde. Perrin est ravi. Il laissera un jour éclater sa joie devant un parterre de journalistes éberlués :

«Mais oui, vous l'avez bien vu : mes gars sont lancés à la conquête de l'espace. Ici, c'est la NASA !»

Rien de très surprenant alors si l'opération commando envisagée par Perrin en vue des JO de Los Angeles, en 1984, se traduit par un joli tour de force : la présence de trois perchistes du Racing dans la sélection tricolore. Thierry Vigneron, Pierre Quinon et Serge Ferreira ont gagné aux championnats de

France, à Villeneuve-d'Ascq, leur billet pour LA. Et encore le malheureux Patrick Abada, quatrième aux JO de Montréal en 1976, insuffisamment remis d'une blessure, est-il resté sur le carreau. Premier éliminé et seulement remplaçant !

Alors, tout semble possible en vue des JO de Los Angeles. D'autant qu'après la mise à feu du premier étage de la fusée soviétique Bubka, au Mondial 1983, à Helsinki, le Kremlin a renoncé à la cible olympique et lancé un niet retentissant aux JO de Los Angeles : boycott général de l'URSS ! C'est un face-à-face ultraserré qui s'annonce alors entre Français et Américains pour la finale du 8 août, au Coliseum.

Pierre Quinon, pour sa part, rêve sincèrement à l'exploit. Un peu perturbé, loin de sa famille, et dérouté au départ par un système de préparation assez draconien, le Parisien d'adoption s'est installé dans l'une des petites habitations mises par le Racing à la disposition de quelques-uns de ses meilleurs athlètes en bordure du stade, rue François-Faber. Ses progrès ont été assez stupéfiants.

«Être un jour champion olympique, c'est mon but», avait-il avoué à Perrin, peu après son arrivée de Salon-de-Provence. Un départ jugé par son père et Louis Fabiani vraiment nécessaire pour le responsabiliser et le motiver. Déjà champion de France en 1982 à l'âge de 20 ans, il s'offrira la triple couronne en ajoutant deux nouveaux titres nationaux en 1983 et 1984. Beaucoup plus spectaculaire encore : le record du monde de la perche en 1983, à Cologne avec 5,82 m (comme nous le verrons un peu plus loin) !

Pierre avant de venir avait déjà été fort impressionné par l'expérience inédite des perchistes du Racing (Bellot, Abada,

Vigneron, Ferreira...) qui se font la courte échelle pour atteindre les 5,70 m et plus. L'ambiance et l'émulation au sein du Racing ne pouvaient à ses yeux qu'être profitables. L'encadrement avec Jean-Claude Perrin, Alain Ripoll, Jean-François Laffly, Georges Martin, s'est révélé tout de suite très précieux. Et Pierre s'est prêté volontiers au petit jeu complice et très drôle d'une communication souvent empruntée au petit monde de l'aéronautique. «Bill» Perrin estime en effet que ses perchistes décollant du sol sont soumis partiellement aux mêmes codes avec déjà ce principe de base commun aux deux univers :

«En sport comme dans l'aéronautique, il faut avoir toujours un prototype dans les cartons. Le futur c'est demain, mais il commence aujourd'hui !»

Sa vision cosmique de la perche s'explique aisément. Ne se retrouve-t-il pas lui-même dans son élément puisqu'il est à l'origine ancien officier pilote de l'armée de l'air ? Après s'être engagé en 1956, nommé aspirant, il a suivi une formation dans une école de pilotage à Marrakech. Il a également pratiqué le parachutisme et multiplié les missions pendant la guerre d'Algérie quand il était basé en Mauritanie et à Mecheria sur la ligne ferroviaire vers Colomb-Béchar. À son actif : plus de 150 missions comme «observateur» et plus de 500 heures de vol. Il adorait. Il était aussi fasciné par les paysages du Sahara, ses sables à perte de vue, la vie étrange des nomades et des caravaniers du désert, ce ciel d'un bleu si limpide...

Et puis en Algérie, estimant que la situation tournait mal, Perrin a décidé de quitter l'uniforme en 1959. Heureusement vibrait en lui une autre passion...

Comme beaucoup «d'enfants de la guerre», en effet, il a connu très jeune, dans les années 1940, cet enchantement, cette émotion et cette fierté légitime suscités, après l'armistice, par les premiers exploits des champions tricolores. Une forme de renaissance pour une nation humiliée et meurtrie par la guerre qui cherchait ses héros. L'armée lui a donné incontestablement ensuite le goût de la formation et de l'éducation. Un «fonceur-né» au service du sport ? Sans doute. Dans l'action comme coach. Dans la réflexion aussi, au point de s'offrir, un jour, une thèse pour le doctorat de IIIe cycle à l'université de Paris VII sur «Les facteurs de la performance». En revanche, il n'aimera pas qu'on parle de lui plus tard comme d'un «baroudeur» sous prétexte qu'il a fait l'armée. Mais il va affirmer clairement, à côté d'un enthousiasme sans limite, son franc-parler. Notamment quand certains malentendus éclateront avec les autorités fédérales tant il veut aller de l'avant et bousculer un système à ses yeux sclérosé. Il sera même en 1977, avec Maurice Houvion, le «scénographe» d'une retentissante opération médiatique et promotionnelle pour la perche... sous la tour Eiffel et sous l'œil des caméras de télévision !

L'athlétisme, il l'a pratiqué très jeune. Fonceur naturel donc... sprinter et même recordman d'Afrique du Nord au 4×100 m sous les couleurs de L'Orientale de Tunis. La perche, il l'a véritablement découverte avec enthousiasme en 1952, à l'occasion d'un rassemblement de scouts auquel il participait en Finlande, où se déroulaient en même temps les jeux Olympiques. Il fut le témoin, bien sûr, au stade d'Helsinki, des courses magnifiques d'Alain Mimoun contre son rival légendaire, Emil Zatopek. Très impressionné aussi par le décathlonien américain Bob Mathias – déjà couronné en 1948 – et par le perchiste Bob Richards, autre Américain, pasteur de son état et sans doute également béni des dieux de l'Olympe puisqu'il fut de nouveau sacré aux JO de Melbourne quatre ans plus tard.

Les prouesses athlétiques de ces deux hommes l'ont à la fois marqué et convaincu alors que décathloniens – qui pratiquent aussi une épreuve de perche dans leur discipline – et perchistes appartiennent finalement à la même catégorie d'athlètes.

Il s'est aussi demandé si, un jour, il serait possible de faire vaciller à la perche une suprématie olympique américaine sans partage depuis les premiers Jeux modernes, à Athènes, en 1896. Interrogation justifiée. Les Américains n'ont lâché le sceptre qu'aux Jeux de Munich, en 1972, après soixante-seize ans d'invincibilité à l'Allemand de l'Est Wolfgang Nordwig. Mais pouvait-il envisager qu'ensuite, et à partir de la victoire de Pierre Quinon en 1984, suivie de celles de Jean Galfione en 1996 et Renaud Lavillenie en 2012... c'est bien la France qui en trente ans obtiendrait le plus de médailles d'or à la perche aux Jeux : trois sur huit possibles ! Derrière cette réussite : l'empreinte, magnifique forcément, des deux «prophètes» Maurice Houvion et Jean-Claude Perrin, couronnés d'ailleurs ensemble par l'Académie des sports, dès 1978. Ils ont été tous les deux les garants, et la force symbolique d'une réussite collective unique par sa longévité dans l'histoire de l'athlétisme français.

Pour en revenir au «cosmodrome» de Colombes vite complété par l'aménagement indispensable d'un gymnase pour la préparation hivernale avec piste d'élan en synthétique, sautoir, portique pour les exercices de grimpers de corde, barre fixe, trapèze, etc., il a très vite résonné au son des formules appartenant au vocabulaire de l'aéronautique : compte à rebours, vol de reconnaissance, plan de vol, take-off, prise d'altitude, mise sur orbite, base opérationnelle, voltige aérienne, mission à hauts risques... Manière pratique pour Perrin de développer chez ses perchistes des qualités de combattant, une vraie volonté de vaincre en compétition. Perrin ne s'est pas gêné non plus pour les avertir qu'il mettait les «radars en éveil à Colombes» dès qu'il a vu poindre la menace offensive d'une «redoutable escadrille soviétique» dès 1979 : «Attention les gars, ce n'est plus la voix de l'Amérique qu'il faut écouter maintenant, mais celle de Moscou», lança-t-il en laissant clairement entendre qu'il voyait aussi briller comme des lucioles quelques ovnis disposés de l'autre côté du rideau de fer, le long de la Moskova et du côté de la place Rouge!

Alors Jean-Claude Perrin chef énergique? Sans doute. Il va mener résolument «ses opérations» tout en affirmant qu'il ne cherche pas à exercer son autorité mais plutôt à «irradier le groupe par son punch» et à enseigner ce qu'il considère aussi comme un art à part entière, esthétique dans son expression mais nécessairement très codifié car à risque!

Dans l'esprit et la manière, il s'est tout de même inspiré quelque peu de l'efficacité stratégique des chefs parachutistes côtoyés pendant sa vie militaire. Il admirait en eux la justesse de cet entraînement de jour, comme de nuit, sur tous les terrains les rendant «continuellement et parfaitement adaptés à toutes les règles de combat». Il s'est aussi surpris plus d'une fois, en rêvant de podium olympique pour ses athlètes, à s'identifier – toutes proportions gardées – à Wernher von Braun qui de son côté imaginait mettre sur orbite lunaire un homme grâce à ses fusées atmosphériques !

Chimères a priori à l'origine d'une « convergence de petites lumières qui ont tissé sa jeune expérience ». Elles sont explicitement évoquées dans l'excellent livre écrit avec Éric Lahmy, *Jean-Claude Perrin, un entraîneur en or* (Éditions Amphora, 1996). Ces lumières, selon lui, proviennent d'instants privilégiés de sa vie : la lecture d'ouvrages comme ceux de Jules Verne, la découverte des jeux Olympiques, à Helsinki en 1952, et toutes les émotions ressenties en observant les athlètes monter sur les podiums :

« Ils ont créé en moi une petite musique m'offrant, dans un lointain que je ne pouvais pas appréhender clairement, un quelque chose à conquérir, un infini réalisable, un horizon à rejoindre, un invisible vers lequel il me fallait tendre, en tâtonnant certes, mais de toutes mes forces. »

On a compris que le « baroudeur inavoué » n'est ni un rêveur ni un illuminé mais à la fois un sentimental, un pragmatique assez cartésien, très énergique et un pur instinctif, capable de s'attendrir devant *Le Petit Prince* d'Antoine de Saint-Exupéry, l'aviateur écrivain qu'il a forcément admiré également. L'entraîneur est bien, finalement, un sage, un novateur, un idéaliste déterminé à promouvoir ses protégés, sans renoncer à se battre lui-même contre certains préjugés. À ses risques et périls. Et cette force en lui, il va la communiquer bientôt à ses jeunes apprentis champions avec son sens aigu des mots et toujours les bonnes références historiques en traçant la ligne avec quelques idées-forces du genre : «Le doute est votre pire ennemi, la confiance votre meilleure alliée!»

Les jeux Olympiques de Rome en 1960, après l'émotion d'Helsinki 1952, ont aussi contribué à renforcer sa passion pour l'athlétisme avant qu'il ne devienne un grand coach. Il s'y est rendu en cinq étapes et à 50 km/h de moyenne, avec son scooter pour une sorte de *Vacances romaines* façon Gregory Peck... et l'amour du sport en amazone.

Dans la Ville Éternelle, il a été ébloui par l'incroyable 1 500 m record de l'Australien Herb Elliott (devant un superbe Michel Jazy, médaille d'argent) mais aussi par le perchiste américain Don Bragg. Avec une perche métallique encore en usage, l'Américain a survolé victorieusement une barre à 4,70 m. Jean-Claude Perrin a appris là-bas que ce colosse de 1,90 m et 90 kg, venu de l'université de Villanova, et véritable star aux États-Unis, intercalait entre son prénom et son nom le mot de «Tarzan», ce qui correspondait exactement aux vertus d'audace aventurière et au sens de l'acrobatie requis pour les perchistes. Don Bragg aura finalement réalisé le dernier record du monde avec la perche métallique (4,80 m) à Stanford le 2 juillet 1960 lors des sélections olympiques US. Il ne put jamais s'adapter à la nouvelle perche en fibre de verre (fiberglass) qui va bientôt tout révolutionner et propulser une nouvelle race de perchistes, dont les Français, vers les 5 m puis les 6 m (Sergueï Bubka en 1985).

En 1960, Jean-Claude Perrin sait déjà, en tout cas, que l'athlétisme est définitivement entré dans sa vie mais il n'imagine pas encore qu'il va devenir l'une des personnalités les plus en vue de tout le sport français. Quant à Pierre Quinon, il n'est pas encore né. Mais dès lors qu'il est monté sur son premier podium international aux championnats d'Europe juniors à Utrecht en passant 5,30 m en 1981, son avenir est tout tracé. D'autant qu'il réussira 5,50 m en fin de saison à Haguenau. On voit en lui, immédiatement, un nouveau Thierry Vigneron lequel est devenu recordman du monde seniors dès 1980, à l'âge de 20 ans avec 5,75 m, juste avant les 5,77 m de Philippe Houvion, à l'approche des Jeux de Moscou.

En fait Pierre Quinon, lui, n'a pas été formé «au berceau» du Racing comme d'autres espoirs tels Lefebvre, Bellot, Vigneron, Abada, Ferreira, Sivillon, Neyvoz, Rahal (recordman d'Afrique). Question tempérament, il se différencie sérieusement de Thierry Vigneron par son petit côté un peu déconcertant, à la fois doux et fantasque, voire instable, et finalement impétueux. Selon Perrin, Pierre Quinon s'identifie plutôt à l'ancien recordman d'Europe Hervé d'Encausse «faisant l'effet d'une bombe quand il est à la verticale du sautoir. Une bombe qui va exploser là-haut!».

Jean-Claude Perrin, des années plus tard, estimera cependant que Pierre Quinon a été l'un de ses meilleurs «chefs-d'œuvre» car il l'a pris à 5 m pour l'amener, avec l'aide de son adjoint Georges Martin, à 5,90 m en 1985, profitant sans doute directement d'une dynamique exceptionnelle et d'une méthode très sophistiquée au Racing.

Il ne sera pas toujours facile cependant pour Perrin de canaliser un jeune homme au sourire charmeur mais parfois déroutant dans ses comportements. Pierre a aussi d'autres passions comme celle de la mécanique :

«Il lui arrivait après le démontage de sa moto de réaliser qu'il avait manqué un entraînement, raconte Perrin. Les mains pleines de cambouis, il venait alors m'annoncer triomphalement que son entraînement était reporté au lendemain.» De retour, un peu penaud, vingt-quatre heures plus tard, Pierre plein d'ardeur mettait les bouchées doubles, «au risque de quitter le stade de Colombes à quatre pattes»!

Cela n'a pas empêché le tandem Perrin-Quinon de voir son pacte secret triompher le 8 août 1984 à Los Angeles :

«Pour moi l'aboutissement de vingt années de travail minutieux. Comme pour Ariane, nous avons été enfin opérationnels», confiera Perrin, comme si Quinon était le dernier étage d'une fusée. Mission accomplie à l'image de la NASA quand elle a déposé en 1969 deux hommes sur la Lune. Ils s'appelaient Armstrong et Aldrin, le pilote Collins restant en orbite dans le module. L'important était aussi qu'ils puissent revenir sur Terre…

4

Le fils de « Spartacus »

« Quand mon fils Philippe est devenu recordman du monde, j'ai réalisé que je ne décrocherais pas de sitôt. D'autres belles conquêtes s'annonçaient. »

Maurice Houvion

C'est l'histoire avant tout d'un homme épatant qui, comme son propre fils, a beaucoup compté dans la vie de Pierre Quinon, comme dans celles de tant d'athlètes et d'entraîneurs. Maurice Houvion n'a toujours, en effet, cherché que du bleu dans le ciel des perchistes français. Il en a même fait son apostolat. Pour éclaircir joliment l'horizon, son fils Philippe a brillé de mille feux dans la galaxie d'un rêve familial. C'est, en fait, l'une des plus belles aventures de l'athlétisme français.

Maurice Houvion aurait très bien pu incarner l'un de ces personnages de films inspirés des romans de John Steinbeck. Par son look spécial de Vosgien bon teint au visage buriné, sa voix chaude, sa personnalité engagée, sa religion de l'amitié, sa quête d'un absolu, sa force d'action... Paradoxalement son surnom qui très tôt lui a été attribué, dès ses premières apparitions sur les stades, avant de devenir coach, fut... «Spartacus», héros du fameux film de Stanley Kubrick des années 1960! La ressemblance de Maurice avec Kirk Douglas était, il est vrai, indéniable. Sa musculature, longtemps entretenue, était certes plutôt celle d'un «Apollon des sautoirs» que d'un gladiateur comme dans le film oscarisé. Mais rayon tempérament en tout cas, quelle riche personnalité toujours au service des autres, dans le même élan d'une fraternité qu'il veut entretenir grâce au sport avec la quête d'une seule richesse : celle du cœur, malgré les rudesses et l'adversité affrontées dans les jeux du stade. Comme dans certains livres de Steinbeck!

Maurice Houvion, le multiple champion et recordman de la perche, trente fois sélectionné en équipe de France, s'est lancé très tôt avec enthousiasme en effet dans sa mission de formateur et de découvreur de talents. Il dévoile très vite son tempérament de vrai perfectionniste ayant le goût du détail et de l'esthétique et ne surprendra personne quand, beaucoup plus tard, à l'heure de la retraite, il s'adonnera à une autre passion : la sculpture sur bois.

Certes, autre homme, autre style par rapport à son compère, le «vibrionnant» Jean-Claude Perrin. Il est exhaustif et explicatif. Comme Perrin il sait orienter et faire danser l'imaginaire de ses protégés mais avec des formules différentes, plus rondes, des mots très simples. Il a en tout cas traversé le temps pendant plus d'un demi-siècle, tel un prophète, un guide ouvrant une voie en parfait accord avec la grande charte qu'il a rédigée sur la perche à l'intention de tous. Il est devenu ainsi une légende de l'athlétisme français, et même s'il n'est pas du genre à faire la pose, on lui a érigé la statue du commandeur. Haut technicien ayant toujours un regard lucide sur les hommes et les événements, sa vie de champion puis d'éducateur a été un modèle unique, un exemple avec en arrière-plan une trépidante et chaleureuse aventure familiale.

Mais, pourquoi ce surnom de Spartacus, en dehors de la ressemblance déjà identifiée avec le héros du film ? Un surnom dont l'écho a continué de se répercuter avec complicité, au fil des ans, du côté des sautoirs de l'INSEP quand rayonnait le chaud soleil de l'été.

«Tout se déroule au cours de l'hiver 1961-1962, raconte Maurice Houvion. J'avais alors 27 ans quand j'ai réalisé avec 4,45 m, en salle, à la Porte de Versailles de Paris, la plus haute barre jamais franchie en France, mais une joie éphémère. Dès le début de la saison estivale, le 1er mai, mon rival puciste, Bernard Balastre, a réussi 3 cm de plus. J'étais assez contrarié. Impatient surtout de faire mieux et au plus vite. Je vivais alors à Tucquegnieux dans le bassin des mines de fer de Briey, près du grand-duché de Luxembourg. On sautait déjà avec la nouvelle perche révolutionnaire, en fibre de verre, très flexible, agissant comme un ressort : la "Skypole". Je l'avais fait venir d'Amérique avec mes propres deniers et cela représentait bien un mois de mon salaire de maître auxiliaire.

«Cette perche, on la maîtrisait plus ou moins bien. La première fois que je l'ai essayée, je me suis retrouvé d'ailleurs complètement étourdi, la tête dans le sable de la fosse de réception ! J'avais donc demandé aux organisateurs d'un meeting à Lunéville que le sautoir soit équipé de copeaux de mousse pour la réception au cas où... Mais pas de chance : lors d'un saut, je retombe sur le côté. Le choc a été terrible. En fléchissant les jambes, pour amortir la chute, mes genoux ont heurté violemment la poitrine. Résultat : une grande frayeur, une grande douleur... et trois côtes fracturées. Je me souviens que ma mère, présente, était littéralement épouvantée par l'accident.

«Pour moi : immense découragement. J'étais a priori condamné à une longue immobilisation. Alors j'ai décidé de me confectionner une sorte de corset en forme de baudrier passant sur l'épaule pour pouvoir resauter en sécurité et avancer mon retour fixé aux championnats de France Interclubs à Longwy, le 8 juillet. Tout le monde était intrigué par ce baudrier dont j'étais affublé... et bientôt stupéfait et même admiratif car j'ai franchi en effet 4,495 m, nouveau record de France ! La comparaison avec le baudrier de Spartacus fut immédiate car c'était l'époque où tout le monde se précipitait dans les salles de cinéma pour voir ce grand film. Je ne sais pas si je me suis montré héroïque comme Spartacus, mais finalement le surnom est resté !»

Pour ce qui est de braver les difficultés, Maurice Houvion ne sera jamais emprunté, en effet, tout au long de sa carrière d'athlète ou d'entraîneur. Il se plaît à rappeler qu'à l'époque où il commence à s'affirmer comme un espoir de la perche française, la vingtaine passée, il tente de se débrouiller seul «avec les moyens du bord». Il essaie de profiter et d'appliquer seul les consignes reçues auprès des quelques techniciens nationaux ou perchistes de premier plan lors de stages nationaux ou de compétitions. Quand il part s'entraîner, alors qu'il est enseignant d'EPS, maths et français au Centre d'apprentissage de Trieux-Tucquegnieux en Meurthe-et-Moselle, Maurice demande souvent à sa jeune épouse, Yveline, de l'accompagner, d'observer et de noter tout ce qui va ou pas. La perche devient ainsi une véritable affaire de famille qui connaîtra plusieurs embellies, y compris avec son propre fils, Philippe. Quant à Yveline, il l'appelle «la merchiste»!

Très tôt également, Maurice se sent une âme d'éducateur et formateur, phénomène assez courant pour cette génération d'enseignants de l'après-guerre. Il essaie ainsi d'attirer les jeunes de sa région vers l'athlétisme et sa discipline préférée. Et quand l'hiver est trop rude, sans stade couvert pour s'entraîner : il organise une descente dans la mine, près de chez lui, dans une galerie où la voûte se situe à une hauteur de près de 7 m. Il y a installé un sautoir de fortune. L'atmosphère est assez confinée. Mais l'ambiance et la passion sont bien là!

Maurice très vite se confectionne aussi la réputation d'un athlète qui s'entraîne d'arrache-pied : «J'avoue que grâce à mon métier d'enseignant, j'arrive à organiser trois entraînements par jour car j'habite en province. Mes rivaux parisiens n'ont pas le même rythme. Ils en sont plutôt à trois entraînements par semaine. Je vais parvenir à faire bientôt la différence avec la nouvelle perche en "fiberglass" dont je deviens un excellent spécialiste. Titres, records et sélections vont s'enchaîner...»

Maurice Houvion s'affirme alors comme l'une des figures marquantes de la très belle période de l'athlétisme français des années 1960-1970 dite de «l'ère Bobin» du nom de Robert Bobin, le grand patron historique. L'athlétisme tricolore rayonne alors par ses exploits dans les matches internationaux, les grands records mondiaux de Michel Jazy, les succès des sprinters Jocelyn Delecour, Claude Piquemal, bientôt Roger Bambuck, le javelot «piquant» de Michel Macquet, la ténacité toujours présente d'Alain Mimoun et puis Jean Wadoux, Colette Besson, Guy Drut, Jean-Claude Nallet, Jean-Paul Villain... Des centaines de milliers de Français, à l'époque, sont émerveillés devant leur télé, par les athlètes tricolores car l'ORTF retransmet absolument tout en direct. C'est vraiment «l'âge d'or»!

Maurice Houvion, qui est de toutes les grandes campagnes de l'équipe de France, va amener le record de la perche à 4,87 m en 1963 et il sera sélectionné pour les Jeux de Tokyo en 1964. Il a déjà 30 ans. Un grand espoir apparaît alors, prêt pour la relève : Hervé d'Encausse. Il a d'ailleurs accompagné Maurice aux JO de Tokyo. Une solide amitié les lie immédiatement. Hervé d'Encausse, le perchiste de l'AS Montferrand, s'empare en 1965 du record de France de Maurice, le 26 juin, avec 4,90 m. Il devient le premier Français à 5 m en 1966 et recordman d'Europe, en 1967 avec 5,28 m, à Manosque, puis 5,37 m, le 5 juin 1968, à Saint-Maur... à 1 cm seulement du record mondial de l'Américain Paul Wilson. L'entraîneur d'Hervé : c'est... Maurice! L'occasion pour Hervé de devenir recordman du monde ne se représentera plus jamais malheureusement, en raison de problèmes de santé et en dépit d'un beau retour en vue des Jeux de Munich 1972 (5,30 m).

Maurice Houvion, lui, a déjà été appelé par Robert Bobin, dès 1966, à l'Institut national des sports pour devenir entraîneur national. Il organise les stages nationaux. Il publie peu après, en 1968, un ouvrage de référence qui va servir de bible pour longtemps à tous les entraîneurs et perchistes français : *Le Saut à la perche*. Ses préceptes sur la méthode de saut avec la perche en fibre de verre sont restés parfaitement d'actualité. À la même époque où il publie son ouvrage, il va devenir aussi l'entraîneur de l'un des athlètes les plus doués de sa génération, François Tracanelli, recordman du monde juniors avec 5,40 m et champion d'Europe en salle.

En tout cas, Henri Quinon, qui entraîne Pierre, à ses débuts, apprend tout et applique tout, pour former son fils, à partir des documents réalisés par Maurice Houvion. Tout sur les facteurs déterminants de la flexion de la perche liés à la course d'élan, la force d'impulsion, le rythme du «balancé» ou «renversé», la recherche du dynamisme pour augmenter au maximum la flexion de la perche… Et tous les entraîneurs qui, après Henri Quinon, vont relayer ce dernier pour faire progresser Pierre sont nourris de la même méthode.

Quand Maurice Houvion voit apparaître Pierre dans les compétitions jeunes, les stages puis à l'école de perche du Racing à Colombes il s'est déjà forgé une opinion : «Il possède naturellement un feeling et un dynamisme quand il court avec la perche qui ne peuvent que l'amener un jour vers les plus hauts sommets, dit-il. C'est extrêmement impressionnant. Je sais qu'en rejoignant Perrin au Racing il va se retrouver dans une structure remarquable pour s'épanouir.

Beaucoup plus tard il se tournera vers moi pour chercher le réconfort quand il sera en proie à tous les doutes.»

Jean-Claude Perrin, lui-même, s'est rapproché à ses débuts comme entraîneur national de Maurice Houvion à l'INSEP et avouera en toute modestie : «Houvion m'a beaucoup appris. Nous sommes du même âge. Lui est un technicien de très haut niveau et il a été champion. Moi au départ je suis plutôt… un trois pattes!» Bâtie sur un profond respect réciproque entre deux personnalités fort différentes, leur collaboration va rapidement s'avérer fructueuse.

Maurice Houvion explique comment s'est affinée leur complicité pour diriger de concert la perche nationale : «Je tiens mon rôle de technicien-animateur-formateur et avec Jean-Claude tous les plans se mettent parfaitement en place. Nous maîtrisons ensemble tous les facteurs de préparation. Techniquement nous sommes au point. Tout se passe dans un climat de réussite parfait. Jean-Claude est aussi en quelque sorte mon colonel Bigeard, un homme qu'il a côtoyé pendant la guerre d'Algérie. Il sait que toute action spectaculaire, toute intervention réussie peut passer également par la médiatisation qui renforce l'action et son retentissement.»

Perrin confirme : «Nous avons une doctrine commune. La parole est ensuite aux athlètes. Là réside notre grande force.»

Mais avant que le tandem Houvion-Perrin n'ait mis en place un système ultraperformant – gestion partagée de l'élite, province pour Maurice et son groupe de l'INSEP, région parisienne pour Perrin avec son groupe de Colombes – et avant que Maurice ne lance plus tard d'autres talents comme

Ferenc Salbert ou Jean Galfione, il se passe quelque chose de fort intéressant au sein même de la maison des Houvion.

Maurice Houvion s'apprête à lancer, en effet, l'un de ses trois enfants à la conquête des plus grands records. Philippe est l'aîné. Jean-Marie, le cadet. Anne, la benjamine. Dans le jardin familial, Philippe s'amuse tout petit à franchir des obstacles avec une rame de haricots... mais c'est le football qui l'attire. Maurice le convainc de venir sur les pistes d'athlétisme s'il veut avoir une bonne condition physique... pour le football.

«Il m'a conduit tout droit vers le sautoir de perche, raconte Philippe. Je présume qu'il avait une idée derrière la tête.» Philippe qui deviendra plus tard un ami intime, un confident de Pierre Quinon, démarre en fanfare ses premières compétitions. Champion de France minimes!

«C'est un journaliste de *L'Équipe*, Éric Lahmy, qui m'a appelé au téléphone pour m'annoncer le résultat de Philippe. En plus il s'était attaqué au record de France minimes!» précise aujourd'hui son père.

L'avenir de Philippe est maintenant tout tracé et la relation père-fils devient encore plus fusionnelle mais aussi parfois quelque peu explosive, même si toujours l'affection l'emporte : «Je suis son père. Je suis son entraîneur. J'ai tendance à fourrer mon nez partout. Parfois il en a marre. Nos relations deviennent à la fois plus étroites mais aussi assez viriles!» précise Maurice.

Ainsi le 12 mai 1979, à la suite d'une dispute, Philippe annonce à son père :

«Tant pis pour toi. Je saute à Colombes cet après-midi. Je battrai le record de France, et tu l'apprendras à la radio.»

Philippe n'a pas encore 23 ans (trois ans de plus que Quinon). Il tient parole avec 5,55 m et réussit même mieux, huit jours plus tard, aux championnats de Paris avec 5,56 m, le jour même où Thierry Vigneron devient recordman du monde juniors avec 5,45 m. C'est la fameuse année 1979 où se déclenche la grande flambée de la perche française.

Mais Philippe a lancé aussi un jour en blaguant un défi un peu plus osé à son père : « Un jour, tu verras. Je mettrai un mètre de plus à ton dernier record de France. »

Il y parviendra presque l'année des Jeux de Moscou avec son record du monde à 5,77 m, en 1980. Superbe exploit qui a fait naître d'immenses espoirs pour les JO, où tout s'est joué sur un coup de dés. À Moscou, c'est un crève-cœur. Il finit quatrième avec 5,65 m, la même barre que Volkov deuxième et Slusarski troisième, derrière Kozakiewicz le vainqueur. Le podium olympique a été raté d'un cheveu ! Aujourd'hui professeur de golf au Paris Golf Country Club de Saint-Cloud, Philippe Houvion ne regrette rien : « Mon objectif affiché était plutôt de devenir champion olympique, quatre ans plus tard, à Los Angeles. Le record du monde amélioré quinze jours avant n'était absolument pas prévu. J'ai toujours préféré me battre dans une compétition avec mes adversaires que contre un record. Avec le recul on peut dire dommage. Cela s'est joué sur un rien à Moscou, et sur le coup j'en ai pleuré toutes les larmes de mon corps. Mais d'un autre côté, être quatrième aux Jeux, c'est très fort comparativement à certaines réussites encensées inconsidérément dans des disciplines ou des événements secondaires. Les Jeux, c'est autre chose d'ailleurs qu'un meeting à la maison. Et puis, à Moscou c'était une finale dans un climat franchement hostile avec les sifflets de 80 000 spectateurs sans parler des soupçons, des comportements bizarres de certains de mes adversaires de l'Est classés devant moi, comme Volkov... Mais tout compte fait je me suis bien éclaté pendant cette période magique. Elle a fait de moi un homme meilleur pour affronter le fil de ma vie avec confiance, avec mes certitudes, comme mes doutes.»

C'est à cette époque que son amitié avec Pierre Quinon va se renforcer. Au fil des compétitions quand Pierre progresse et monte à Paris, au Racing. Lors de stages où parfois ils partagent la chambre. Philippe trouve que Pierre rayonne. Il a une gentillesse naturelle qui l'attire. Il lui fait des confidences. «Il recherche mon avis, il me considère comme un grand frère», souligne Philippe.

La première personne que Pierre souhaitera rencontrer le soir même de son retour à Paris, au lendemain des Jeux de Los Angeles, sera d'ailleurs Philippe Houvion, le «fils de Spartacus», pour une longue nuit d'échanges sur la signification d'un titre olympique, la vision improbable du monde, l'infini mystère de la vie...

5

LA SALSA DES RECORDS

« Le saut à la perche et les athlètes français :
c'est une longue histoire d'amour qui a souvent
mal tourné jusqu'au jour où il fut clair
que bien des rêves allaient s'accomplir. »

ROBERT PARIENTÉ

Oui : tout est parti de 1979. Flash-back sur cette année-clé dans la vie de Pierre Quinon. À double titre. Il a décroché sa première médaille d'or de champion de France cadets et regarde plus haut vers le ciel. Mais c'est surtout l'année-clé de l'ascension de la perche française, la révélation d'un phénomène qui va le fasciner, le motiver pour l'avenir. Quatre au moins des jeunes leaders français peuvent convoiter maintenant les records du monde. Pierre n'en est pas encore là. Il rêve simplement de côtoyer un jour ses aînés. Sa propre histoire en revanche se glisse déjà au cœur de l'aventure de ses héros.

Nous sommes donc le 4 juin 1979 à Charléty. Pierre Quinon va être témoin d'une scène qui le marquera pour le reste de sa carrière. Deux Apollons rayonnent au pied du sautoir. Philippe Houvion et Patrick Abada, littéralement exténués, se sont instinctivement jetés dans les bras l'un de l'autre. Ils pavoisent en complices devant caméras et photographes. Leur combat a été héroïque. Près de trois heures dans un stade survolté. Ils sont éreintés, saoulés par la fatigue et l'émotion excitante d'une escalade à coups de records de France qui a paru sans fin. Dans leurs regards d'enfants éblouis brille la lumière vive d'une espérance légitime et désormais plus haut placée.

Pierre Quinon, comme quelques centaines de spectateurs, pris au jeu, n'en croyait pas ses yeux. Il a vu, à tour de rôle, Philippe et Patrick s'attaquer, crânement en effet, au record du monde de l'Américain Dave Roberts (5,70 m). Ils ont effleuré cette barre. Tous deux ont fait grimper d'abord le record de France jusqu'à 5,65 m puis conjugué encore leur talent pour tenter d'atteindre un autre sommet. Après l'Himalaya, pourquoi pas l'Everest ?

Jamais en fait dans l'histoire de la perche mondiale on n'avait vu deux athlètes se hisser à ce niveau dans un même concours : 5,65 m ! Et ils sont français. Premier signe en forme d'esquisse d'une prise de pouvoir annoncée... mais à confirmer.

Le printemps 1979 est ainsi arrivé joliment, fleuri de très belles promesses. Celles de fameux exploits à venir. À la

Pentecôte, comme chaque année, pour quelques centaines de jeunes athlètes de France, Paris est en tout cas le centre du monde. Tous les chemins, c'est rituel, mènent à Charléty. Place au rendez-vous le plus sympathique, le plus chaleureux, le plus familial de l'année. Il a d'ailleurs longtemps été télévisé en direct par l'ORTF. Vive les championnats scolaires et universitaires ! Tous les lycéens, collégiens et étudiants, venus des quatre coins de France, convergent dans la bonne humeur pour partager la frénésie enjouée de cette aimable garden-party. Ils sont accompagnés de leurs éducateurs sportifs, de leurs parents, de leurs copains... Et parmi eux, en 1979 : Pierre Quinon. Il est venu avec son père Henri, et quelques copains de son académie pour y défendre les couleurs de son lycée de Péage-de-Roussillon dans l'Isère.

Dans l'enceinte du stade, ambiance bon enfant pour ce mini-«Woodstock» de la jeunesse athlétique française. Au micro, le même animateur depuis des lustres, un grand ancien des années 1930, qui n'est pas là pour faire des claquettes mais pour aligner des bons mots. Il a été recordman de France du 400 m (47"6), vice-champion d'Europe du 4×400 m et sélectionné aux JO de Berlin en 1936. Figure emblématique de l'athlétisme national et du PUC, le spirituel Raymond Boisset, ancien professeur de lettres, n'est autre que le père du célèbre réalisateur de cinéma, Yves Boisset, grand maître du thriller socio-politique (*Le Juge Fayard*, *Allons z'enfants*, *La Femme flic*...) mais aussi grand humaniste, et lui-même ancien champion de France cadets du 250 m.

Pierre Quinon, tout jeune perchiste en herbe de 17 ans, est donc là pour faire sa petite place, matérialiser ses progrès et découvrir le panache des ténors de sa discipline préférée, si souvent entrevus à la télé. Avant d'aller regarder de plus près ses idoles, il a tout de même pris soin de grimper sur son premier podium national en cadets : derrière Éric Neyvoz.

Il le retrouvera, d'ailleurs, un mois plus tard à Montgeron aux championnats de France FFA des jeunes. Cette fois, à lui la victoire : champion de France avec 4,80 m. Et le 28 août, Pierre s'offrira ses premiers 5 m, à Saint-Denis de La Réunion à l'occasion d'un stage cadets dans le cadre des Jeux des îles de l'océan Indien.

«C'est là qu'on a vu que Pierre ne manquait ni d'audace ni d'ambition», témoigne Jacques Collet, dont le fils Philippe va devenir aussi, bientôt, l'un des meilleurs perchistes du monde sous le maillot de l'ASPTT Grenoble. Jacques Collet encadrait un stage de jeunes organisé par la ligue de Dauphiné-Savoie. Il raconte : «Pierre, après les 5 m, s'est attaqué sans peur au record de France cadets de Thierry Vigneron à 5,10 m. Une barre qu'il manqua de peu.» «Ce petit gars-là : c'est de la graine de recordman du monde!» ai-je pensé tout de suite.

Pierre n'en est pas encore là à l'heure des farandoles de Charléty. Il n'a d'yeux que pour tous ces «hérauts» de la perche française, futurs partenaires d'entraînement, copains, rivaux, mais qui vont l'épater un peu plus en ce 4 juin à Charléty...

Quelques jours avant ce rendez-vous et comme chaque mercredi, depuis des mois, Jean-Claude Perrin a pris le chemin de Champigny-sur-Marne, non loin de l'INSEP pour y retrouver son compère Maurice Houvion. Ils n'étudient pas ensemble les sciences de la Terre et de l'Univers mais parlent de stratégie balistique et de mobilisation des forces. C'est à Champigny que tous deux planifient en effet régulièrement, à l'heure du café-crème et des croissants, leur mode d'action, le déploiement de leurs troupes et les plans de vol pour la haute altitude.

En cette année 1979, l'heure est venue, en effet, de passer à la vitesse supérieure. Cartes étalées, le doigt sur l'agenda, les objectifs sont fixés par les chefs d'état-major. Celui de Charléty en est un. «Mais sans savoir qu'un déclic aussi spectaculaire va se produire si tôt dans la saison», précise Maurice Houvion. Les deux patrons de la perche française, en mettant au point leur coordination, ont plutôt envisagé primitivement un simple «vol de reconnaissance» (*dixit* Perrin). «Nous sommes parfaitement complémentaires. Tout est minutieusement programmé avec Jean-Claude, souligne Maurice Houvion. Il apporte toujours son allant, sa volonté de promouvoir la perche. Agir efficacement et le faire savoir, c'est la meilleure manière de renforcer notre motivation, celle de nos jeunes.»

Avec eux, la perche française n'est pas «un état dans l'état» par rapport au système fédéral mais ils entendent cependant faire tourner leur groupe d'élite avec une vision d'avant-garde. Ils recherchent l'efficacité maximale. De fait, le petit monde de la perche française ne tourne plus tout à fait pareil depuis quelque temps déjà.

L'aîné de la bande, c'est François Tracanelli, brillant étudiant considéré au départ comme un surdoué avec son record du monde juniors en 1970 (5,40 m). Serait-il au début un peu dilettante? Peut-être. Mais François va surtout rencontrer malheureusement assez vite de sérieux problèmes vertébraux qui freinent son ascension vers des cimes plus dorées : double champion du monde universitaire, champion d'Europe en salle, mais hélas blessé à Munich lors des JO 1972 (8e).

En 1979, le patron c'est plutôt Patrick Abada, physique de jeune premier, magnifique athlète au sourire charmeur, bâti pour les plus grands exploits. Il a manqué de justesse le titre olympique en 1976 aux JO de Montréal, se retrouvant hélas au pied du podium (4e). En 1979, il est, à 25 ans, dans la plénitude de ses moyens, et vient de le prouver à Charléty avec ses 5,65 m. Patrick ne s'en cache pas : il ne rêve plus qu'au record du monde de Roberts contre lequel il va s'escrimer tout l'été…

Jean-Michel Bellot a lui 26 ans. Encore un pur produit du «vivier» du Racing. Il avait 12 ans quand Perrin l'a pris sous sa coupe. C'est un jeune homme de bonne manière, dont le style perche en mains est aussi vif… que l'esprit. Un caractère bien trempé assurément. Il possède son franc-parler, son indépendance. Souvent espiègle, il est futé mais aussi affûté en piste, en même temps que beau parleur et porteur de solides ambitions. Il sera double finaliste olympique à Montréal 1976 et Moscou 1980, et il vise comme ses petits camarades en 1979 le record du monde. Il va réussir les 5,70 m en 1980 et même 5,75 m en 1982… avant de tirer sa révérence pour rejoindre la télévision.

Mais en 1979, tandis qu'apparaît doucement le turbulent mais talentueux Serge Ferreira, nouveau candidat du Racing aux 5,70 m (précisément 5,71 m, en 1984), deux autres très jeunes perchistes affirment des prétentions qui gravitent autour du record du monde et de l'or olympique en vue des JO de Moscou en 1980. On dirait qu'une vraie chevalerie se dessine. L'esprit de bande peut aussi développer une connivence qui aiguillonne l'instinct de supériorité. Philippe Houvion, lui, n'a pas encore 22 ans et Thierry Vigneron a tout juste 19 ans. Cette fois pas de doute, tous deux effectivement – en attendant Pierre Quinon, trois ans après – vont devenir recordmen du monde en 1980, l'année des JO de Moscou.

À un an du rendez-vous olympique, abondance de biens, donc, ne nuit pas. Le ciel se dégage et se colore du plus beau bleu de France. Tout devient possible. Il est clair que la date du 4 juin 1979, et le double exploit de Patrick Abada et Philippe Houvion vont servir de mèche pour l'allumage de la fusée tricolore. C'est le début d'une escalade qui va illuminer les unes de *L'Équipe* et susciter bien des passions.

Au lendemain de Charléty, Édouard Seidler, directeur de la rédaction du quotidien sportif, écrira d'ailleurs, très admiratif : «Cette dynamique de groupe de nos perchistes me rappelle celle qu'on a connue, autrefois, avec l'équipe de France de ski autour de Jean-Claude Killy.» Il est persuadé que l'aide olympique apportée désormais aux leaders des sports olympiques en France, grâce aux nouveaux contrats dits Soisson (nom du ministre des Sports), contribue à la sérénité nouvelle pour mieux se préparer.

Jean-Claude Perrin déclare : «Nos perchistes ne se fixent plus de limites, tout cela est très grisant, mais ne chantons pas victoire. Sachons avant Moscou que notre infrastructure n'est pas encore à l'échelle de notre ambition.»

C'est un vrai feu d'artifice qui se déclenche dès l'amorce des beaux jours avec déjà, juste avant Charléty, deux records de France réalisés les 12 et 20 mai 1979, chaque fois à Colombes, par Philippe Houvion, «puciste» bon teint et fils du «maître» Maurice Houvion. Il n'est pas encore question de tutoyer le record mondial de Dave Roberts, mais cela ne saurait tarder. En même temps, voici poindre un petit jeune de plus en plus épatant : Thierry Vigneron, encore un Racingman. Les Français, d'entrée de saison, sont en tout cas déjà sur la rampe de lancement du record du monde. Ils ne cachent plus leurs ambitions olympiques en vue des JO de Moscou. Aucun pari ne leur semble insensé.

– 12 mai 1979 à Colombes : premier grand rendez-vous national aux Interclubs. Philippe Houvion bat son premier record de France avec 5,55 m. Thierry Vigneron devient recordman de France juniors avec 5,42 m.

– 20 mai 1979 à Colombes : championnats de Paris. Patrick Abada souffre d'une sciatique. Forfait ! Thierry Vigneron devient recordman du monde juniors avec 5,45 m. Philippe Houvion porte son record de France à 5,56 m.

– 4 juin 1979 à Charléty : le festival commence réellement au sommet mondial, maintenant, lors des championnats scolaires et universitaires. Philippe Houvion bat trois fois son record de France lors d'un duel épique avec Patrick Abada : 5,58 m (après mesurage), 5,60 m, 5,65 m et Patrick Abada le rejoint à 5,65 m. Puis échecs des deux à 5,70 m contre le record du monde. Patrick Abada est déclaré vainqueur au nombre d'essais.

– 22 juillet 1979 à Montargis : nouveau record du monde juniors pour Thierry Vigneron avec 5,52 m... mais lors de la Coupe d'Europe à Turin, le grand espoir soviétique

Constantin Volkov l'emporte avec 5,60 m au premier essai (devant Abada, 5,60 m au troisième essai) et ravit le record mondial juniors.

– 12 août 1979 à Orléans : pause aux championnats de France. Philippe Houvion gagne avec 5,40 m devant Vigneron 5,30 m.

– 13 septembre 1979 à Mexico : Jeux universitaires. Philippe Houvion (5,60 m) et Patrick Abada (5,55 m) butent sur Wladislaw Kozakiewicz, vainqueur avec 5,60 m.

– 23 septembre 1979 à Montgeron : Patrick Abada se sent en très grande forme. Il tente le record du monde à 5,71 m, mais échoue.

– 26 septembre 1979 à Colombes : nouvelle tentative de Patrick Abada à 5,71 m… mais son maillot effleure la barre. La photo fait la une de *L'Équipe* et le titre majeur. «Peu importe, déclare Patrick en positivant. J'aurai bien d'autres belles occasions de dépasser Roberts.» Mais pour Patrick, malheureusement, les problèmes physiques vont se préciser.

– 30 septembre 1979 à Longwy : Thierry Vigneron clôt la saison par un record du monde juniors à 5,61 m.

L'hiver arrive avec les compétitions en salle. La sciatique de Patrick Abada s'aggrave. Sa douleur au genou gauche nécessitera une opération en juin. La menace soviétique se dessine un peu plus avec Volkov et Polyakov, sans oublier le Polonais Kozakiewicz.

– 1er-2 mars 1980 à Sindelfingen : championnats d'Europe en salle. Doublé soviétique de Volkov et Polyakov à 5,60 m. Attention : ils ont 20 ans tous les deux ! Abada, handicapé, est troisième avec 5,55 m. La progression de Volkov inquiète :

il a battu le record du monde en salle deux fois avec 5,62 m puis 5,70 m. Thierry Vigneron a porté le record d'Europe en salle à 5,62 m.

– 1er mai 1980 à Libourne : Thierry Vigneron ouvre la saison estivale des perchistes français par un record de France : 5,67 m.

– 11 mai 1980 à Milan : autre menace qui se précise avant Moscou avec Wladislaw Kozakiewicz, le Polonais. Il souffle la politesse aux Français : 5,72 m, nouveau record du monde en plein air. C'est bien lui qui le premier a ravi à Roberts (EU) un record qui tenait depuis quatre ans.

– 1er juin 1980 à Colombes : c'est le plus jeune de la bande qui relève au plus vite le défi lancé par Kozakiewicz. Finale des Interclubs. Thierry Vigneron avait débuté le concours… à 4,80 m. Il l'achève sur son sautoir mascotte après 5,65 m au premier essai par un époustouflant record du monde à 5,75 m au premier essai également avant d'échouer à 5,81 m. Jean-Michel Bellot est deuxième avec 5,65 m. Il a lui aussi tenté les 5,75 m !

– 29 juin 1980 à Villeneuve-d'Ascq : championnats de France. Thierry Vigneron remporte son premier titre de champion de France en seniors au terme d'une lutte serrée avec Jean-Michel Bellot (5,70 m). Il a finement mené son concours mais, en passant 5,65 m au premier essai, il croit que les jeux sont faits. Erreur : Bellot a refusé 5,65 m pour tenter 5,70 m et passe au deuxième essai. Si Vigneron veut être champion de France, il doit monter d'un cran à 5,75 m, donc égaler son record du monde. Il les passe royalement au deuxième essai. Bellot, nullement affolé, demande 5,80 m et échoue de peu à son premier essai. Bellot a été magnifique mais n'affiche aucun triomphalisme : «Vu la forme des Soviétiques et des Polonais on peut tout aussi bien prendre une belle baffe dans quatre semaines à Moscou...»

Le départ a été fixé au 26 juillet pour les JO. Les qualifications au stade Lénine sont programmées le 28 et la finale le 30 juillet. Philippe Houvion et Thierry Vigneron partent ensemble avec Maurice Houvion et Jean-Claude Perrin en stage d'oxygénation dans les Vosges chez Maurice.

«On va se refaire une santé au milieu de la forêt», précise Philippe.

Quant à Jean-Michel Bellot, il a choisi la direction du Touquet pour décompresser. Le rendez-vous est pris pour une préparation commune avec les coaches à Colombes, dix jours plus tard.

Philippe Houvion a tout de même un urgent besoin de se rassurer après son échec à Villeneuve-d'Ascq, lié à des problèmes d'impulsion (5,20 m). Il a en tête le meeting de Charléty du 17 juillet.

Là, Philippe va frapper très fort en s'attaquant à une barre record qui impressionne beaucoup les Américains : 5,77 m, soit un mètre de plus que l'exploit resté historique du numéro 1 de tous les temps côté outre-Atlantique, Cornelius Warmerdam, icône US, presque aussi célèbre que Jesse Owens. Il avait réussi 4,77 m à Modesto en 1942. Son record a tenu quinze ans sur les tablettes !

Philippe au départ n'est pas venu pour s'attaquer au record du monde. Après les 5,70 m au premier essai avec un peu de chance – la barre a sauté sur les taquets –, il demande 5,75 m pour rejoindre Vigneron au palmarès du record mondial. En fait, les juges ont placé et mesuré volontairement la barre à 5,76 m. Philippe les manque par deux fois. Puis le saut miraculeux s'accomplit. Il s'envole royalement dans les airs et enroule la barre à sa troisième tentative. Charléty est à nouveau en fête comme en 1979 pour le duel universitaire avec Abada. La barre est remesurée : 5,77 m ! Philippe est donc le nouveau recordman du monde. Maurice le père et Philippe s'étreignent. On réalise que cette fois le fils ne vient plus sur un sautoir pour célébrer seulement le culte du père « ex-recordman de France ». Philippe cependant, à deux semaines de la finale olympique, entend couper court à toute forme d'euphorie : « Attention, ne dites surtout pas que je suis favori pour les Jeux de Moscou mais un favori parmi les autres ! » lance-t-il prudemment.

C'est plus sage en effet ! Mais peut-on imaginer après ce festival de records qu'un vent maléfique pourrait détourner à Moscou le nouveau rêve de trois mousquetaires si bien armés pour leur campagne de Russie ! La fameuse « glorieuse incertitude du sport » ne doit certes jamais être écartée. Perrin de toute façon a bien l'intention de rappeler à ses gars qu'il ne leur suffira pas de se comporter à Moscou « en bons soldats », mais bien d'aller au combat pour mieux se transcender ! Pierre Quinon, lui, est plein d'espoir pour eux. Il sait juste que son heure de défendre les couleurs de la France aux JO ne pourra venir que plus tard. En 1984, peut-être...

6

AU DIABLE MICHA !

« Le printemps radieux des perchistes français
avec cette escalade qui frappait l'admiration,
s'est fané légèrement au seuil de l'été.
Les résurrections seront bonnes à prendre... »

ANTOINE BLONDIN

Cette journée, Pierre s'en souviendra longtemps... Été 1980. C'est l'année des jeux Olympiques à Moscou. Dans l'entourage du jeune perchiste, l'idée qu'il serait bon de quitter sa section sports-études de Salon-de-Provence pour rejoindre Jean-Claude Perrin et l'école du Racing, à Colombes, court déjà. Pierre a 18 ans. Il en est à 5 m. Côté études, il lambine un peu. Il est impatient en revanche de franchir une nouvelle étape vers le haut niveau. Bref, les premiers contacts ont été établis entre Henri Quinon, le père, Louis Fabiani, l'entraîneur à Salon, et le grand coach du Racing. Si Pierre ne se voit pas encore en héritier direct des meilleurs perchistes tricolores qu'il admire déjà tellement, il caresse un rêve…

En trois ans la perche mondiale est devenue en effet française. Patrick Abada avait déjà manqué d'un rien le podium aux Jeux de Montréal, en 1976 : quatrième. L'heure d'un vrai couronnement a semble-t-il bien sonné à l'approche des Jeux de Moscou.

30 juillet : jour de fête très attendu. Rendez-vous est pris lors de la finale de la perche aux JO. À 16 heures, Pierre Quinon, comme des millions de Français, est fébrile et très excité devant sa télé. Jamais une compétition d'athlétisme n'a à ce point électrisé les passions en France depuis le 110 m haies de Guy Drut à Montréal, en 1976. Tous les spécialistes annoncent même que ce sera la plus grande finale de perche de tous les temps, en raison du suspense. Le titre olympique se jouera sans doute autour d'un nouveau record.

«Qui sur le toit du monde?» a écrit *L'Équipe* avec un large titre pleine page et les trois photos des «mousquetaires» Thierry Vigneron, 20 ans, Jean-Michel Bellot, 26 ans et Philippe Houvion, 23 ans. Dans le collimateur celui qui est considéré comme «l'ennemi public numéro 1» des Français, le Soviétique Constantin Volkov, 20 ans (prédécesseur de Bubka). Question : lequel des trois tricolores créera l'étincelle pour allumer le feu de joie? Les Américains pour cause de boycott ne sont pas là. Ni Patrick Abada opéré du genou, en juin. En revanche, il faudra se méfier sérieusement des deux Polonais Tadeusz Slusarski, 30 ans, couronné aux JO de Montréal, et Wladislaw Kozakiewicz, 27 ans, surnommé «Koza le cosaque»... qui lui aussi a battu un record du monde à Milan, le 11 mai.

Dans le stade Lénine, au sud de Moscou, dans le cadre du parc Loujniki, ambiance surchauffée. La flamme olympique brûle comme un symbole de l'amitié universelle entre les pays du monde entier... mais avec le contexte politique pesant, le boycott US et de plusieurs pays occidentaux, personne n'est dupe. Une immense affiche déployée sur toute la hauteur de la tribune opposée représente Micha, l'ours mascotte des JO, tout sourire. En revanche, les VIP sont invisibles, pratiquement enfermés dans une sorte de blockhaus en marbre où siège le président du CIO, Juan Antonio Samaranch, auprès de l'impavide Leonid Brejnev, grand maître de l'URSS. Près d'eux, un certain Georges Marchais, secrétaire général du Parti communiste français honoré ici comme un très haut dignitaire.

Le cadre du stade Lénine avec ses 80 000 spectateurs est majestueux. Sans oublier la ceinture d'appariteurs musclés en survêtement bleu marine et casquette blanche assis côte à côte et prêts à tout, au premier rang des gradins, tout autour de la piste, le regard sans cesse tourné vers la foule et formant un bouclier humain. Drôles de Jeux assurément ! Ici, c'est toujours un peu la guerre froide...

Mais du côté des perchistes français, la pression est d'un autre ordre. Toute la France les attend la fleur au fusil. Ils sont prêts. Place à l'aventure. Et moral au beau fixe après la valse des records depuis le printemps. Surtout ne pas se prendre la tête... mais en piquer une plutôt, comme n'a pas hésité à le faire Jean-Claude Perrin à la veille des épreuves ! Pari tenu. Un petit plongeon taquin dans les eaux bleues de la Moskova, pas loin du Kremlin, histoire de braver la vigilance des redoutables policiers qui quadrillent en permanence une ville presque morte, seulement traversée par les bus olympiques, les taxis et quelques touristes. Même pas peur !

Les trois perchistes français ont passé sans souci particulier le cap des qualifications malgré une petite alerte pour Philippe Houvion à 5,25 m au troisième essai ! Pour la suite, rien n'est gagné d'avance. On redoute le manque d'expérience évident de Thierry Vigneron, si jeune. Philippe Houvion, sur sa lancée de Charléty, arrive en revanche très conquérant. Jean-Michel Bellot, toujours en quête d'une grande victoire, semble parvenu au sommet de son art. Il est d'ailleurs le plus relax, le plus prolixe aussi auprès des journalistes : « J'aborde l'épreuve avec une impression de réelle sérénité, reconnaîtra-t-il. Mais je pense aussi que nous ne ferons pas 1-2-3 avec Thierry et Philippe comme l'a suggéré un grand quotidien du soir. Je partage plutôt l'opinion de Jean-Claude Perrin : l'un va se casser la figure, un deuxième sera bien classé... mais sans médaille, le troisième sera sur le podium, sans pouvoir dire à quelle place ! »

Jean-Michel Bellot est un garçon d'une fine intelligence. Il ne manque pas d'esprit et n'est jamais en reste pour lancer parfois quelques flèches fort piquantes. Lui, le plus ancien, va régulièrement s'efforcer de détendre l'atmosphère avant « l'entrée dans l'arène ».

Mais l'heure de la finale approche. Soleil de plomb sur Moscou. Robert Parienté, le « grand patron » de *L'Équipe*, a pu se rendre sur le stade d'échauffement. Il souhaite ausculter le moral des troupes avant la montée au front. Il a trouvé Vigneron assez tendu, au moment d'emprunter la passerelle surplombant l'esplanade, «coiffé, dit-il, d'un curieux chapeau de pêcheur». Houvion arbore lui une barbe de deux jours. Manifestement concentré, mais il révélera plus tard : «À l'instant précis, j'ai ressenti de désagréables frissons dans le dos.» Bellot, égal à lui-même, joue la décontraction et assure que, malgré le soleil brûlant et la chaleur implacable, il ne portera ni chapeau ni bob «car cela ne [lui] va pas!».

En les voyant partir ensemble en file indienne vers la chambre d'appel, Robert Parienté ne cache pas l'émotion ressentie. Surtout lorsqu'ils pénètrent «dans le couloir de la peur, à la rencontre de leur destin».

Dans la chambre d'appel justement, la tension monte déjà d'un cran. Une vive altercation qui n'est pas anodine (l'œil de Moscou?) oppose Bellot à un officiel. Il s'est précipité violemment pour lui arracher son appareil photo afin d'en extirper la pellicule. Jean-Michel voulait simplement immortaliser le moment-clé de son épopée olympique avec ses copains. Il s'est retrouvé finalement avec un appareil photo intact... mais dont l'objectif a été scotché!

Quant à Jean-Claude Perrin et Maurice Houvion, ils sont partis gaillardement s'installer dans le virage, à proximité immédiate du sautoir, parmi les spectateurs et quelques rares supporters français. Pas rassurés quand même car ils sont au milieu de spectateurs russes particulièrement hostiles et même menaçants : «J'ai effectué trois années d'opérations aériennes en Algérie entre 1956 et 1959, expliquera Perrin le lendemain, mais je crois bien n'avoir jamais eu aussi peur de ma vie!»

Survolté malgré tout et fidèle à sa réputation de «chef commando», Perrin, dès l'arrivée sur l'aire du sautoir des trois tricolores, a mis immédiatement ses deux mains en porte-voix. À leur adresse : un tonitruant «on va les avoir!».

Il va tout de même falloir composer avec ce public chauffé à blanc qui alterne les rafales de sifflets imbéciles et les sarcasmes pour tenter de déstabiliser les Français. Le cocktail chaleur, vent et public hostile est bien de nature à troubler les bonnes intentions françaises comme celles, d'ailleurs, des trois Polonais regardés comme «des faux frères» de l'URSS. Du côté de cette très chère Pologne gronde, en effet, depuis pas mal de temps déjà, sur les chantiers de Gdansk, une sourde colère à l'égard de Moscou. Comment ne pas imaginer que Kozakiewicz aimerait bien offrir à ses compatriotes un petit chef-d'œuvre n'ayant absolument rien d'anecdotique! Bref : s'afficher comme un «homme de fer» tel le Lech Walesa du film de Wajda!

Film à succès annoncé également pour cette finale de perche au casting royal : trois Français, trois Polonais et deux Soviétiques pour la «lutte finale»... sauf que très souvent à la perche le scénario ne se déroule pas comme prévu. L'histoire des JO est éloquente : seuls trois champions détenteurs du record du monde en arrivant aux JO sont parvenus dans la foulée à décrocher l'or olympique : Don Bragg (1960), Fred Hansen (1964) et Bob Seagren (1968).

Le suspense en tout cas tient ses promesses. Jean-Michel Bellot semble le plus confiant et suscite de réels espoirs. Il excelle grâce à la vitesse de sa course d'élan, et passe d'un style fluide tout au premier essai, 5,60 m compris. Mais, ensuite, il cale à 5,65 m puis deux fois à 5,70 m. Le baptême du feu se confirme trop scabreux pour le «jeunot» Thierry Vigneron, un peu perdu dans le choix de ses perches (trop souples). Il reste bloqué à 5,45 m. Philippe Houvion lui se bat comme un lion, persuadé que le titre se jouera à 5,70 m. Il a raté malencontreusement quelques barres intermédiaires avant de survoler 5,65 m au troisième essai.

Sur le moment, comme tous les téléspectateurs en France, Pierre Quinon a laissé éclater sa joie. Cri du cœur : «Philippe sera sûrement sur le podium !» L'écrivain Antoine Blondin, prestigieux chroniqueur de *L'Équipe* et fidèle des JO, a cru percevoir aussi un cri lancé depuis l'habitacle où sont presque enfermés les officiels. Il laisse entendre malicieusement que Georges Marchais pourrait en être l'auteur. Occasion d'un calembour habituel sur l'air «d'un marchais perçant !» (*dixit*).

Hélas, la malédiction s'abat sur Philippe Houvion qui bientôt achèvera son concours submergé par l'émotion. Trois échecs à 5,70 m. Kozakiewicz, lui, a été impérial sur cette barre franchie au premier essai comme les barres précédentes. Et puis le podium s'envole pour Philippe. Volkov et Slusarski comme lui ont franchi 5,65 m au troisième essai. Égalité des trois. Ils sont départagés selon le règlement en fonction du nombre d'essais tentés sur les barres inférieures. Et Philippe, derrière Volkov deuxième et Slusarski troisième, se retrouve quatrième. Pire, il va être privé de son record du monde !

Kozakiewicz est en effet en état de grâce. Parfait dans son rôle d'illusionniste, superbe et dominateur tel un vieil acteur qui a longtemps lorgné son Oscar. Non seulement il s'empare de l'or mais en prime il conquiert le record du monde au deuxième essai : 5,78 m !

Tandis que la nuit s'apprête à gagner doucement le stade Lénine et que le ciel prend des couleurs mauves, Koza, surnommé aussi «le marin de la Baltique» car il est bien originaire de la très médiatisée ville de Gdansk, exulte. Il effectue même un «bras d'honneur» pour répondre à la haine frondeuse qui a déferlé des gradins. Geste symbolique qui, à la manière du poing levé de Tommie Smith et de John Carlos en 1968, sur le podium aux JO de Mexico, ajoute un supplément d'âme à l'événement. Une offrande sur l'autel de la résistance du peuple polonais longtemps opprimé. Ce geste s'inscrira finalement en lettres d'or dans l'histoire du sport du XXe siècle qui est aussi celle de l'humanité. La Pologne, comme les autres pays satellites de l'URSS, ne va pas tarder à se libérer de ses chaînes.

Journée euphorique en tout cas pour la Pologne. Deuxième titre olympique consécutif : après Slusarski en 1976, vive Kozakiewicz en 1980 ! En revanche, détresse et sentiment de cruelle injustice pour les perchistes de Jean-Claude Perrin et Maurice Houvion. La pire des défaites : Houvion fils quatrième, Bellot cinquième, Vigneron septième. Antoine Blondin écrira : «Le printemps radieux des perchistes français s'est fané.»

Ce coup au cœur est violent. L'émotion intense en France. Au milieu de la tempête, le clan se resserre déjà à Moscou. Comme souvent en pareil cas «coach Perrin» et Maurice Houvion savent trouver les mots essentiels :

«Kozakiewicz était imbattable. Gardons la tête froide. La terre ne va pas s'arrêter de tourner», déclare Maurice Houvion.

«La réussite en sport est aussi délicate que la mise à feu d'une fusée, affirme Perrin bien dans son registre habituel. Ariane n'est partie ni du premier coup ni du deuxième. Nous allons mettre en place une logistique beaucoup plus adaptée en pensant aux prochains JO de Los Angeles. Nos gars se rendront souvent aux États-Unis pour se familiariser avec l'environnement.»

Plus déterminé que jamais, il a prévu de sillonner à nouveau Paris en scooter pour aller frapper à quelques portes...

La presse française n'a pas été trop critique mais déplore forcément «la fragilité de cristal» des perchistes tricolores encore stoppés sur les marches du palais. Pierre Quinon pour sa part est terriblement déçu. Sans doute pense-t-il déjà que Moscou va rester maintenant un souvenir pour lequel il faudra se battre et lancer l'appel à la révolte. Au diable Micha ! Les rêves de grandeur de la perche française se sont peut-être envolés dans le ciel de Moscou, mais le fil de l'histoire n'est pas cassé. Ce souvenir-là va longtemps hanter la toute jeune carrière de Pierre. Oui, il faudra laver cet affront dans quatre ans à Los Angeles et tenir cette fois la promesse !

7

L'AS DE L'ESCADRILLE

«Je suis prêt à rencontrer les Soviétiques un maximum de fois. Je n'ai peur de personne. Je ne refuserai jamais le combat.»

THIERRY VIGNERON

Sur la base opérationnelle de Colombes et sur la piste d'envol du stade olympique, les décollages en 1981 ont repris à un rythme accéléré. De nouveaux objectifs ont été fixés au lendemain du rendez-vous manqué des JO 1980 à Moscou. L'altimètre a été haussé d'un cran. Tous les cracks du Racing observent à la lettre les plans de vol pour les missions futures. Tous fidèles au dogme maison qui oriente tout «vol solo» à partir d'un décollage au sol parfaitement au point. Perrin continue bien sûr de faire référence à sa bonne expérience passée, au «temps des hélices» comme il dit, celle de l'ancien pilote d'un «North American T6 Texan» en Afrique du Nord.

«Le décollage, dit-il, est la rampe de lancement capitale pour l'exécution du mouvement. Chacun doit pouvoir développer l'énergie requise pour matérialiser une force verticale dirigée vers le haut.»

Toujours plus haut! Pierre Quinon lui aussi va respecter le nouveau signal ascensionnel annoncé par Perrin. Depuis son arrivée à Colombes, à l'automne 1981, il vit au rythme de la «patrouille de France», bien décidé à prendre le sillage de la «bande des quatre» : Patrick Abada, Jean-Michel Bellot, Thierry Vigneron, Serge Ferreira. L'un d'eux vient de connaître cependant une passe désastreuse : Patrick Abada a dû subir une triple opération pour sa tendinite rotulienne avant d'être «sauvé» par le Dr François Combelles et le Pr Gérard Saillant. Il aura bien du mal à remonter la pente.

Pierre en débarquant au Racing se distingue des autres perchistes par une particularité dominante mais non incompatible : il est pratiquement le seul à n'avoir pas été formé au club. Premier impératif : se fondre au plus vite dans le moule collectif à côté des «stars» mais aussi de très bons camarades d'entraînement comme Éric Neyvoz son ami, Philippe Sivillon, Alain Morineau, Kaddour Rahal, Alain Benhadda, Dominique Héber-Suffrin, Serge Gabrielich, Gilles Lebris... Sous la baguette de Jean-Claude Perrin, créateur depuis quelques années déjà d'un nouveau «prêt à sauter», ses entraîneurs assistants maintiennent aussi une ambiance qui n'incite pas au défaitisme. La règle d'or reste pour toute la troupe : «moral de vainqueur»!

L'année 1981 a été par conséquent placée sous le signe des revanches après l'injustice de JO «briseurs de rêves» selon Perrin. Une fois les Jeux finis à Moscou, les cracks avaient déjà relevé la tête en prévision de la nouvelle olympiade qui débute en 1981 jusqu'au «final» de Los Angeles 1984. Pierre, 19 ans, va lui aussi se prendre au jeu. Après Salon-de-Provence, il va vivre, à partir de l'automne 1981, sa nouvelle existence parisienne en rêvant d'entrer à son tour dans la lumière de l'actualité. Il a ses convictions. Il veut arriver à ses fins.

Les objectifs pour l'été se sont concrétisés déjà par un titre de champion de France ASSU avec 5,45 m, puis la médaille d'argent (5,30 m) aux championnats d'Europe juniors à Utrecht (Bubka 7e avec 5 m) :

«Une expérience inédite qui me servira toujours de référence pour mes futurs grands rendez-vous car ce fut au plan stratégique une invraisemblable partie de poker avec mon rival tchécoslovaque Jansa», a-t-il commenté.

Puis juste avant de partir à Colombes, il a réussi un nouveau record personnel à 5,50 m, le 27 septembre, à Haguenau. Vivement la suite!

Lors de ses premiers entraînements à Colombes, tout le monde a remarqué son petit côté sympa. Mais personne n'est dupe. Dans son regard brille aussi la flamme de beaucoup d'envie. N'a-t-il pas d'ailleurs tenté de battre le record du monde juniors de Thierry Vigneron (5,61 m), le 7 juin, aux championnats ASSU, en s'essayant sur une barre à 5,62 m, ratée finalement d'assez peu? «Je voulais simplement me situer», a-t-il tenu à relativiser.

Pierre, c'est clair, est impatient d'entrer au plus vite dans la bataille avec ses aînés du Racing. Dès son arrivée, il s'est permis d'annoncer, l'air ingénu, mais quand même très sérieusement à Jean-Claude Perrin : «Je veux être champion olympique !»

Autant dire qu'il se place déjà sans complexe sur l'orbite, comme ses aînés, de «LA 84». Perrin lui a quand même rappelé : «Pierre, tu vas d'abord faire tes classes et n'oublie pas, pour la suite, qu'il est sans doute plus difficile de devenir champion olympique à la perche que d'aller sur la Lune !»

Les modèles à suivre pour lui, au Racing, s'exposent donc, presque tous les jours, grandeur nature, à l'entraînement. Il côtoie réellement à Colombes le gratin de la discipline en France à quelques exceptions près comme Philippe Houvion, François Tracanelli ou Alain Donias avec le groupe de l'INSEP, dirigés par Maurice Houvion, sans oublier un fameux lutin qui ne cesse de progresser du côté de Grenoble : Philippe Collet… qui a d'ailleurs chipé le titre de champion de France FFA juniors à Pierre, à la mi-juillet. À l'entraînement, il arrive que les «grands anciens» se testent avec l'élastique placé à 5,70 m ou 5,80 m. De quoi donner des idées à Pierre qui n'en est pas encore là.

Jean-Claude Perrin l'a confié très judicieusement à l'un de ses meilleurs adjoints, le très prometteur Georges Martin, 32 ans, professeur d'EPS à Cormeilles-en-Parisis, et au Racing depuis deux ans. Le coach en chef vient régulièrement s'enquérir du travail accompli, armé de son habituelle plaquette en bois avec les feuilles sur lesquelles il consigne ses observations tout en réglant le bon timing des compétitions à venir.

Avec Georges Martin, le courant passe immédiatement : «Pierre est tellement simple et gentil ! précise-t-il. J'ai la totale confiance de Jean-Claude Perrin pour m'occuper de lui avec d'autres jeunes. Notre système est au point. Perrin est le patron et j'assume avec enthousiasme ma mission en appréciant la chance inestimable de vivre cette expérience passionnante.»

«En l'absence d'Alain Ripoll pendant deux ans, chez IBM, je supervisais Thierry Vigneron et les autres, poursuit Georges Martin. Maintenant que Ripoll est revenu (en septembre 1981), il reprend en main Thierry. Moi, je supervise Pierre et quelques autres. En ce qui le concerne, j'ai vu tout de suite qu'il a déjà un gros problème dans sa course d'élan. Il court vite mais trop assis. Or, à la perche, il faut être grand et haut sur ses appuis et "pousseur" pour trouver le bon angle de décollage. On a tout de suite travaillé durement les montées de genou en course, notamment sur la pelouse du terrain de football annexe de Colombes. En saut, il avait tendance à tourner la perche dans tous les sens ! Priorité aussi à la technique !»

Si Pierre semble prêt à passer à la vitesse grand V... il n'ignore pas que, pour l'instant, «l'as de l'escadrille», le vrai leader de la bande, porte un nom déjà très prestigieux : Thierry Vigneron. Thierry, en 1981, a brillé encore de mille feux sur la scène nationale et mondiale ! Il est encore jeune : 21 ans. Deux ans de plus, seulement, que Pierre, lequel s'apprête à quitter en fin d'année les rangs juniors. Mais Thierry en voyant Pierre débarquer au Racing a-t-il eu seulement une interrogation sur la menace que celui-ci pourrait faire peser un jour sur sa suprématie ? Non dans la mesure où, pour lui, les plus dangereux restent Bellot, Abada qui peut refaire surface, Ferreira, et le puciste Philippe Houvion.

Thierry a connu une progression presque magique en trois saisons. Déjà plusieurs fois recordman du monde en juniors, il a décroché le 1er juin 1980 – année de ses 20 ans et des JO – la palme à l'échelle mondiale seniors. Record du monde avec 5,75 m, à Colombes, aux Interclubs puis de nouveau 5,75 m quatre semaines plus tard à Villeneuve-d'Ascq, aux championnats de France, peu avant les Jeux de Moscou.

Thierry présente alors le profil idéal « d'un champion olympique en puissance ». Mais Jean-Claude Perrin qui le couve depuis longtemps (avec Alain Ripoll son adjoint), n'a cessé de tempérer cependant toute forme d'enthousiasme à son sujet : « Il est très jeune. Aux Jeux, ce sont généralement les athlètes les plus expérimentés qui sont couronnés. »

De fait, rien n'a marché pour Thierry au stade Lénine, lors des Jeux de Moscou en 1980. Finaliste olympique, certes, mais il est resté bloqué à 5,45 m : septième. Il a pris une perche trop souple pour tenter 5,55 m. Erreur ! Dans *L'Équipe*, deux jours après, tirant les leçons d'un échec collectif, j'ai écrit de Moscou à son sujet : « Thierry Vigneron, pour les JO de Los Angeles, en 1984, n'aura que 24 ans. Tous les espoirs sont permis. Dans l'immédiat, sa préoccupation majeure doit être la récupération du record du monde. »

C'est aussi ce que pense alors Jean-Claude Perrin. Il connaît depuis longtemps toutes les facettes mais aussi la fragilité relative de son jeune poulain. Il l'a accueilli au Racing dès 1971, en provenance de Gennevilliers. Dix ans déjà qu'il s'occupe de lui. Il a fixé, en 1976, son plan de carrière à la perche après une première médaille nationale (3e). Thierry possède alors un registre athlétique unique. Des dons réels pour la gymnastique, pratiquée entre 7 et 11 ans. Une grande facilité pour toutes formes de sauts, comme pour l'acrobatie et la course puisqu'en benjamin il s'affirme comme un talent précoce pour le demi-fond et prendra même une deuxième place au cross du *Figaro*. Il aurait pu devenir décathlonien. Il a choisi la perche. Très tôt, Jean-Claude Perrin a parlé «d'un petit prodige» qui possède le génie de la perche, et a été fort bien préparé dans son éducation sportive par ses parents. Il apprécie sa discrétion, son côté perfectionniste, audacieux, son sérieux et sa détermination, son application aussi pour mener à bien ses études. Il assurera même qu'il est «un artiste de la perche». À 16 ans, Thierry passait 4,80 m, à 17 ans il a franchi 5,10 m... Un jour, à l'INSEP, il a été victime d'un grave accident en se réceptionnant d'un saut manqué sur l'armature métallique du sautoir : éclatement de la rate, fracture du poignet. On a redouté le pire...

Jean-Claude Perrin dira encore de lui : «Thierry approfondit sans cesse ce qu'il fait, se remet en cause, répète un million de fois son mouvement s'il le faut pour obtenir le geste idéal. Son goût de l'exactitude et son sens de l'autocritique peuvent être destructeurs et avec Alain Ripoll nous devons y veiller.»

Thierry Vigneron, de retour de Moscou, s'est mis en configuration «LA 84» tout en étant impatient d'effacer sa déception olympique aux JO 1980. Il a enchaîné les grands meetings et autant de victoires, à Rome, Berlin, Cologne,

Bruxelles, Düsseldorf et des tentatives à 5,80 m ! Hélas trop tard ! Et puis, à Nice, c'est Serge Ferreira, 21 ans, qui a causé, le 17 août, une énorme surprise en franchissant 5,70 m sur un sautoir installé au milieu de la pelouse. Serge a ensuite tenté 5,80 m, étant le quatrième Français au cours de l'été à s'attaquer au record du monde de la discipline (après Vigneron, Bellot, Houvion). Cette démonstration tricolore a eu de quoi aviver bien des regrets…

L'hiver venu, Thierry Vigneron a encore aligné les prouesses : champion d'Europe en salle à Grenoble, champion des États-Unis et meilleur performer mondial avec 5,70 m.

Et toujours la même obsession en tête à l'orée de la saison 1981 : reprendre au Polonais Wladislaw Kozakiewicz ce record du monde synonyme d'un succès si cruel pour lui, Philippe et Jean-Michel à Moscou (5,78 m). Dès le 8 juin, Philippe Houvion a réussi 5,70 m, au Tremblay, et tenté sans succès une barre record à 5,80 m. Thierry connaît la même impatience et c'est lui qui profitera d'un match de sauts à Mâcon avec la Grande-Bretagne et l'Espagne, le 20 juin, pour « venger la patrie ». Très belle occasion, car les trois meilleurs perchistes soviétiques du moment, en stage à Formia, en Italie, ont été invités : Constantin Volkov, Vladimir Polyakov, Alexandre Krupsky, tandis que Sergueï Bubka (18 ans), encore inconnu, prépare plus modestement les championnats d'Europe juniors à Utrecht (comme Quinon et Collet).

À Mâcon, le choc frontal entre perchistes soviétiques et français sent la poudre bien sûr. Volkov, le vice-champion olympique de Moscou, se permet même de narguer les Français en franchissant 5,50 m… en survêtement. Mais

Thierry est prêt au combat. Il va se montrer tout simplement étincelant au terme d'une lutte moins furieuse que prévu avec des rivaux soviétiques, au bout du compte étrangement vulnérables. Il s'offre pour la troisième fois dans sa jeune carrière le record du monde et devient le premier perchiste de l'Histoire à 5,80 m. Il a effacé cette barre… et le record de Kozakiewicz (5,78 m) dès son premier essai ! Thierry pourtant ne pensait pas être si tôt en forme après ses examens de DEUG 2. Jean-Claude Perrin l'a arrêté net dans son élan en lui disant : « Allez, c'est bien. Arrête-toi là ! Il faut rentrer maintenant à Paris ! »

Quant à Jean-Michel Bellot, il a prouvé encore toute sa classe en passant 5,70 m à Mâcon… sans pouvoir aller plus haut, à 5,80 m, très gêné manifestement par l'effervescence déclenchée autour du sautoir par l'exploit de Thierry. Le fougueux « Bébel » va connaître d'autres grandes satisfactions dans l'année 1981 : un titre de champion de France, à Mulhouse, une victoire en Coupe d'Europe (à égalité avec Volkov), une sélection dans l'équipe d'Europe pour la Coupe du monde à Rome (2e). Il sera, en 1982, le meilleur performer français et mondial de l'année avec 5,75 m !

Première leçon à tirer de l'embellie générale à Mâcon : la perche française tente de reprendre la main dans la perspective des prochains JO. C'est oublier un peu vite cependant que du côté de l'Union soviétique tout se met aussi en place pour contrarier les desseins tricolores. Les nuages poussés par le vent d'est se mettent très vite à tournoyer dans le ciel de France. Les espoirs de reconquête planétaire vont être douchés… moins d'une semaine après les 5,80 m de Thierry

Vigneron. Vladimir Polyakov passe 5,81 m lors du grand classique de l'Est, URSS-RDA, à Tbilissi. Polyakov a gagné 21 cm en un an et l'opacité troublante de la préparation des athlètes de l'Est «professionnalisés» (athlètes d'État) commence à susciter quelques polémiques.

Tout cela s'est donc passé juste avant l'arrivée de Pierre au Racing. Encore junior, Pierre, manifestement, n'a aucun scénario en tête par rapport au jackpot réalisé par les Soviétiques à 5,81 m. Il n'a pas non plus la moindre prétention à vouloir troubler le règne virevoltant de Thierry Vigneron. L'idée de «destins croisés» entre ces deux Racingmen qui se connaissent encore bien peu, n'effleure l'esprit de personne. Thierry Vigneron a juste exprimé son désir de «remettre ça» après la perte de son record du monde.

Et pourtant, deux ans plus tard… c'est bien Pierre qui le ramènera en France !

8

Comme Bonaparte à Arcole !

«Pierre est encore un gamin jeune, beau, spirituel qui veut profiter pleinement de la vie. Il gère au jour le jour sa nouvelle expérience… avec de grands projets en tête.»

Georges Martin

L'étendard n'est pas encore déployé pour ravir la lumière de l'actualité, mais l'impatience de monter au front vibre déjà en lui… L'année 1982 s'annonce en effet capitale pour Pierre «petit caporal» qui va prendre du galon.

Le voici maintenant dans la cour des grands. Au propre comme au figuré. Il habite en effet, comme Patrick Abada,

Jean-Michel Bellot, Thierry Vigneron et Serge Ferreira, l'une de ces petites maisonnettes alignées côte à côte dans l'enceinte générale du stade de Colombes, rue François-Faber, près des terrains annexes, et à la lisière d'un immense terre-plein très poussiéreux faisant autrefois office de parking automobile à l'heure des grands matches de l'équipe de France de football ou de celle du rugby pour le Tournoi des Cinq Nations. Depuis vingt ans déjà, le onze de France a pris le chemin du Parc des Princes, et depuis dix ans, il en a été de même pour le quinze tricolore. Mais, en 1982, Colombes reste le «temple» de l'athlétisme parisien, sans oublier Charléty et Jean-Bouin.

Pierre se sent un peu isolé au début dans cet endroit sans charme où glisse cependant à portée de main le grand souffle de la belle histoire du sport français. Mais c'est bien là qu'il va forger ses nouvelles ambitions. Il est en prise directe avec sa nouvelle famille sportive, animé par l'unique espoir de devenir un grand perchiste. Il a été chaleureusement accueilli. Grâce à son air angélique, son sens de la communication, les «célébrités» ne le regardent pas comme un trouble-fête venu d'ailleurs. Il est immédiatement adopté!

«Au départ, raconte Georges Martin qui supervise quotidiennement son entraînement, je vois qu'il forme des projets et sans doute envisage-t-il secrètement l'objectif suprême pour les JO 1984, mais il n'en fait pas état autour de lui... sinon peut-être l'a-t-il confié à Jean-Claude Perrin à son arrivée. C'est à l'évidence un gamin jeune, beau, spirituel qui veut profiter pleinement de la vie. Il gère sa nouvelle expérience au jour le jour. Il suit tranquillement son agenda.»

Il téléphone régulièrement à ses parents. Son père, Henri, appelle aussi Jean-Claude Perrin pour s'enquérir de la bonne adaptation parisienne du fils. Et puis, sa love story d'adolescent avec sa petite amie Caroline, jolie blonde, rencontrée à l'époque des sports-études à Salon-de-Provence, continue naturellement. Caroline est une jeune sprinteuse très prometteuse qui s'est affirmée dans la foulée de Laurence Bily, future recordwoman de France du 100 m avant Marie-Jo Pérec et Christine Arron. Caroline est restée dans son Midi. Elle montera de temps en temps à Paris avant de le rejoindre définitivement un an après. Pierre au départ a souffert de son isolement et l'un de ses copains perchistes Alain Morineau raconte que, pour prendre ses repas, « il s'installait devant une glace pour se sentir moins seul ». Il apprécie aussi la présence de son berger des Pyrénées qu'il a baptisé « U2 » (prononcer Youtou) du nom du célèbre groupe irlandais de musique rock dont il raffole comme tout ce qui concerne une période plus ancienne, celle des fifties.

« Dès son arrivée, explique son grand ami Éric Neyvoz, j'ai été impressionné par sa capacité à aller à l'essentiel même si c'est un affectif, forcément touché loin de tous les siens. Il se sent un peu déraciné mais il ne demande qu'à s'épanouir. Et nous, ses copains les plus proches, sommes là pour l'y aider dans un contexte qui s'avère constamment joyeux et motivant pour lui. Bref, Pierre va prendre sans problème le rythme du Racing, à côté de Jean-Michel, Patrick, Thierry qui ont déjà réussi entre 5,65 m et 5,80 m. Comment ne pas être emporté lui-même par cette spirale ascensionnelle et une dynamique dont les effets sont démultipliés ? »

Ces «grands frères» qu'il côtoie avec le reste de la «bande à Perrin» ont déjà un vrai standing de champions que Pierre mesure aussi en les voyant arriver à l'entraînement ou quitter le stade. Patrick Abada, grand ancien que beaucoup surnomment «le seigneur» avec sa belle allure et son charme ravageur, débarque en général à Colombes au volant d'une imposante Mercedes un peu ancienne. Jean-Michel Bellot a sa Golf GTI et Thierry Vigneron roule en Alpine Renault 5 Turbo. Ce n'est pas dans la ligne des Ferrari, Porsche ou Maserati dans lesquelles se pavanent certaines stars du football, mais pour Pierre, c'est déjà un signe évident de confort matériel désormais accessible aux grands cracks de l'athlétisme. Pierre, lui, se contente dans l'immédiat de sa moto Yamaha sur laquelle il «bricole» avec un plaisir évident.

La génération de Pierre s'inscrit incontestablement au cœur d'une révolution dans le monde de l'athlétisme et de l'olympisme. La période où Pierre entre au Racing pour «faire carrière», en septembre 1981, coïncide exactement avec celle qui voit le Comité olympique international, lors de son XIe congrès à Baden-Baden, prendre une mesure historique par rapport à la sacro-sainte règle 26 de l'éligibilité olympique, liée au statut de l'athlète amateur (interdiction, avant cette date, de tout avantage financier dans la pratique de son sport). On ne connaîtra plus désormais de dramatiques disqualifications comme ce fut le cas par le passé pour Paavo Nurmi ou Jules Ladoumègue, ou encore après les Jeux de Montréal pour Guy Drut, le champion olympique du 110 m haies, dévoilant publiquement «qu'il avait touché de l'argent dans les meetings comme beaucoup d'autres athlètes».

L'Italien Primo Nebiolo, grand réformateur, élu président de l'IAAF, lui aussi en septembre 1981, va pouvoir soutenir les réformes indispensables selon lui «pour que les talents de l'athlétisme soient récompensés au même titre que ceux d'autres sports». Ce sera valable ouvertement dans les grands meetings comme ceux du Grand Prix mais aussi bientôt dans tous les championnats officiels de l'IAAF. Cette période est celle de «l'âge d'or de l'athlétisme».

Pierre entame donc une carrière de «sportif de haut niveau» en sachant que toutes ces années consacrées à l'athlétisme ne seront pas perdues pour peu qu'il parvienne à se hisser vers les sommets. Son premier été de découverte, en 1982, dépasse d'ailleurs ses espérances. Pierre se retrouve ainsi tout simplement dans le «top 10» de la perche mondiale. Idéalement lancé donc. Quatre années de lumière s'annoncent. Et avec son contrat Nike et ses primes en meetings, il va pouvoir envisager de s'offrir un jour l'Alfa Romeo Montréal équipée d'un moteur V8, dont il rêve. Il adore la vitesse et ne cache pas déjà son attirance pour les voitures de collection. Pierre a maintenant 20 ans et il entend bien être acteur de sa nouvelle vie.

Un premier titre de champion de France devant ses aînés ne déparerait pas dans le tableau de chasse estival ! Sur le terrain d'entraînement de Colombes, la rumeur court déjà, en tout cas, que Pierre est en progrès. Comme le dit Perrin : «Tout le monde le voit très fort. Il suffit d'observer déjà à l'entraînement l'élévation du centre de gravité d'un gars qui grimpe vers le ciel pour mesurer son potentiel.»

Ce qui ne dérange personne à vrai dire : «Les leaders au Racing sont habitués à la gloire et aux exploits, poursuit

Perrin. Ils caracolent en tête des bilans mondiaux. Le niveau de concurrence est le moteur idéal à la progression. La hiérarchie entre eux n'est pas établie de façon immuable car elle se joue autour de quelques centimètres seulement. La perche française vit alors l'exploit perpétuel, mais l'exceptionnel est banalisé. Pierre vient s'inscrire au sein d'une nouvelle phalange d'aventuriers qui émergent dans le paysage de l'athlétisme français... et mondial.»

Cette année 1982 ne va pas s'avérer cependant sublime pour tous les perchistes français. Philippe Houvion (5,50 m) marque le pas quelque peu et ne dispute pas les championnats d'Europe. Thierry Vigneron passe ses examens d'EPS et il est victime d'un sérieux ennui musculaire en juillet. Jean-Michel Bellot, en revanche, se montre pétillant. Avec ses 5,75 m en fin de saison, il accède à la première place au bilan mondial de l'année. Un record personnel qui ne changera rien à sa décision déjà prise au printemps de raccrocher ses perches à la fin de l'été pour rejoindre les plateaux de télévision. Il se retirera malheureusement avec cette déception enregistrée à Athènes, dans le rendez-vous majeur de l'été. À 29 ans, double finaliste olympique, il a raté les qualifications (5,25 m) : «l'échec bête à pleurer», dira-t-il. En effet : il s'est imposé, ensuite, à Rome, le 14 septembre avec 5,70 m et il a tenté, ce jour-là, le record du monde à 5,82 m, comme d'ailleurs à Colombes, le 25 septembre (5,84 m) après ses 5,75 m. Trop rageant pour ce félin de la perche française qui a choisi de s'évader vers de nouveaux espaces et avoue alors : «J'ai une option professionnelle à saisir. Je vais être père et ma femme Tania termine ses études de médecine. J'étais en superforme à Athènes. Mon échec reste inexplicable. C'est injuste. Cruel pour Perrin, mon coach. Finalement, l'avenir appartient peut-être maintenant... à Pierre Quinon. »

Pierre serait-il en effet le nouveau porte-bonheur d'une perche française plus hésitante dans les grands rendez-vous que dans les meetings ?

La question se pose en cette année 1982, qui est vraiment celle de son avènement au plus haut niveau tandis que Patrick Abada amorce un retour intéressant après ses ennuis de santé.

Pierre, en deux temps, trois mouvements, va franchir en effet « son pont d'Arcole » : victoire sur le champion olympique Kozakiewicz à Stockholm, titre de champion de France à Colombes, le 8 août, puis 5,70 m sur le sautoir fétiche de Nice, lors du Nikaia derrière Dave Volz (5,75 m), le 14 août, ce qui lui vaudra sa première une de *L'Équipe* qui titre : « Quinon au sommet, Abada retrouvé ». Pierre a tout juste 20 ans et demi. Il vient de signer son entrée parmi les dix meilleurs du monde !

Pierre va-t-il tout bouleverser au plan national ? La question se pose déjà au soir de sa victoire à Colombes, le 8 août, aux championnats de France. Thierry Vigneron qui vient de passer ses examens, a jugé utile de « décompresser » une quinzaine de jours en Anjou. « Je suis maintenant libéré de tout souci universitaire, annonce-t-il. J'ai surtout besoin de sauter pour retrouver l'ambiance. » Mais il a mal à une cheville et rate 5,30 m : zéro pointé ! Philippe Houvion reste bloqué à 5,30 m et Jean-Michel Bellot à 5,40 m. Seul Patrick Abada confirme son retour : 5,45 m. Mais les ténors ont fait pâle figure. L'occasion était trop belle pour Pierre Quinon. Il a passé 5,55 m au troisième essai, record personnel. Et le voici, à la surprise générale, couronné champion de France.

«J'ai déjà réussi huit fois 5,40 m cette saison, j'ai battu l'autre jour Kozakiewicz à Stockholm, déclare-t-il sans fanfaronner. J'espère gagner mon billet pour les championnats d'Europe d'Athènes.»

Mais c'est effectivement le 14 août, sous les feux des projecteurs du Nikaia, à Nice, qu'il réalise un vrai coup d'éclat. Lors du concours qui réunit la fine fleur internationale... sauf les Soviétiques, Pierre en état de grâce passe 5,60 m au premier essai, puis 5,70 m au deuxième et manque de peu 5,75 m à son deuxième essai. Il a amélioré son record personnel de 15 cm en un seul concours. Il est bien l'étoile montante annoncée. L'Américain Dave Volz a remporté le concours avec 5,75 m, ce qui confirme le renouveau de la perche américaine qui compte aussi en vue des JO de Los Angeles, dans deux ans, sur Billy Olson (4e à Nice avec 5,60 m au deuxième essai, derrière Bellot 3e avec 5,60 m au premier essai, et devant Abada 5e avec 5,60 m au troisième essai) et Dan Ripley, Earl Bell, Mike Tully, Brad Pursley, Jeff Buckingham... oui : en dehors des Soviétiques, gare aux Américains !

Le style de Pierre a intrigué les médias étrangers qui le découvrent :

«Je suis rapide et souvent surpris quand le sautoir arrive, a-t-il expliqué. J'ai des problèmes pour un "présenté" correct, mais je me rattrape en l'air. Je vais améliorer tout cela.»

Le soir même du Nikaia, Jean Poczobut, le DTN et sélectionneur, annonce qu'il retient Pierre pour les championnats d'Europe à Athènes avec Vigneron et Bellot en précisant : «Il s'affirme comme un espoir de très grand avenir.»

Mais Pierre, comme les autres leaders tricolores, entre d'abord dans la ronde très excitante des meetings étrangers avant Athènes. Il est à Zurich, le 18 août (5e avec 5,50 m) et encore à Bruxelles le 27 août… où il coince à 5,40 m. Jean-François Renault tire le signal d'alerte dans *L'Équipe* : «Attention, Pierre a accumulé trop de compétitions. Il est jeune. Il doit se reposer, sinon il va au-devant d'une désillusion à Athènes.»

Aux championnats d'Europe, coup d'arrêt effectivement pour Pierre, en méforme. En finale, il a connu deux échecs à 5,55 m et tenté le coup de poker à 5,60 m en vue du podium. Raté. Il est douzième avec 5,35 m. Rien de bien grave, il découvre tout juste, en novice, la haute compétition internationale. Beaucoup plus préoccupant : le deuxième échec collectif tricolore après celui de Moscou. Thierry Vigneron mal remis de sa blessure du milieu de l'été, et à court de compétition, se contente de 5,50 m (5e). Pire : Jean-Michel Bellot est resté en rade aux qualifications, alors qu'il était favori de ce rendez-vous européen. Les médias français commencent à s'interroger : «Pourquoi nos perchistes s'envolent-ils dans les meetings et faiblissent-ils à ce point lors des rendez-vous internationaux majeurs ?»

Pierre Quinon, lui, n'en est pas au stade de la remise en question.

L'année 1982 a été pour lui globalement superbe et annonce d'autres prouesses pour 1983, année pré-olympique marquée par le lancement des premiers championnats du monde à Helsinki dont le retentissement est d'autant plus exceptionnel que l'univers olympique reste troublé par les menaces de boycott.

«Il peut arriver maintenant n'importe quel cataclysme sur les Jeux, l'athlétisme restera un sport puissant capable de vivre sans eux», a déclaré triomphalement le président de l'IAAF, Primo Nebiolo.

Dans la perspective d'une préparation à ce premier choc du Mondial 1983, mais aussi en vue des JO 1984, Jean-Claude Perrin a prévu une tournée américaine au printemps et annoncé à Pierre, fou de joie, qu'il irait «à la découverte de l'Amérique» en compagnie de Thierry Vigneron et Patrick Abada. Ce dernier qui a passé une année d'études à l'université d'El Paso, après les JO de Montréal, a bien aidé à la préparation d'un séjour qui va durer trois semaines.

Mais un événement de taille s'est produit peu avant le départ. Thierry Vigneron, encore ulcéré par l'échec d'Athènes, où il n'était pas prêt, affiche une forme record dès le mois d'avril : 5,70 m à Gujan-Mestras près de Bordeaux le 23 avril, puis 5,76 m au parc de l'Ouest à Nice où il devance Pierre Quinon, lui, à 5,60 m. Thierry a tenté le record du monde à 5,82 m et confirme : «J'ai fermement l'intention de reprendre le record cet été.»

En fait, cinq meetings sont au programme américain et Thierry remporte trois victoires devant ses rivaux américains, le 14 mai à Modesto, le 21 mai à Long Beach, et le 22 mai sur le stade de Westwood à Los Angeles où il culmine à 5,77 m, meilleure performance mondiale de l'année. Chaque fois, il a tenté le record du monde à 5,83 m. Mais n'est-il pas trop tôt en forme ?

Pour Patrick Abada et Pierre «ravi de découvrir un nouveau monde», les résultats ont été beaucoup plus modestes aux États-Unis. Pierre s'est blessé à une cuisse, le 21 mai, à Long Beach, en s'échauffant, avant le concours. Puis de nouveau quelques jours après sur le terrain d'UCLA en tapant dans un ballon ovale. Il n'a pu disputer finalement que les deux premiers meetings (à 5,34 m chaque fois). Son séjour a été néanmoins très profitable pour se situer dans le contexte américain en perspective des JO 1984. Il a aussi battu ses records de musculation et Jean-Claude Perrin confirmera deux mois plus tard que Pierre désormais «est devenu plus fort et agressif et qu'il peut prendre des perches plus dures... pour aller plus haut».

À la différence de Thierry Vigneron, Pierre arrive beaucoup plus tard dans la forme idéale. Test lors d'une compétition organisée à Colombes, le 20 juin, peu avant le meeting de Paris. Pierre passe 5,70 m au troisième essai et devance... Thierry Vigneron, 5,65 m. Il est encore devant lui à Jean-Bouin, quatre jours après (5,50 m contre 5,40 m).

Une semaine avant les championnats de France, Pierre frappe beaucoup plus fort. Il est à Nice, le 18 juillet, pour le Nikaia. Bien décidé cette fois à frapper un grand coup sur le sautoir fétiche de la «bande à Perrin». Son père Henri est venu de Salaise. Pierre lui a tout confié : il vise une barre très haute... Cette fois, le duel avec Thierry Vigneron atteint une intensité inouïe qui transporte d'enthousiasme les 14 000 spectateurs du parc de l'Ouest. Pierre passe 5,80 m au troisième essai. Thierry Vigneron lui est passé à 5,76 m au premier essai. Pierre est devenu le numéro 1 mondial de l'année. Il a égalé le record de France de Thierry avec ses 5,80 m. Mais ce n'est pas tout !

Le mano a mano continue maintenant pour la quête du record du monde. Seul ennui : les officiels tellement excités par la mise en place (difficile) d'une barre qu'il va falloir installer maintenant à 5,83 m... ont tout simplement oublié de revérifier les 5,80 m de Pierre. Le record de France ne pourra de ce fait être homologué !

Mais Pierre lui-même ne s'en préoccupe pas. Il ne pense plus qu'au record du monde. Comme Thierry Vigneron d'ailleurs qui a demandé 5,83 m. Pierre, lui, a fixé son choix sur 5,84 m. Leur combat titanesque les a cependant bien éprouvés. Thierry, de retour dans la semaine de l'Universiade à Edmonton, est clairement émoussé. Pierre n'est pas mieux. Ils en restent là.

Viennent les championnats de France maintenant qui vont se dérouler la semaine suivante à Bordeaux. Nouvelle victoire de Pierre. Nouveau titre de champion de France. Comme en 1982. Il a franchi 5,65 m devant Abada, 5,65 m (record personnel égalé) et Vigneron, 5,60 m. Et la question, cette fois, ne peut plus être esquivée : Pierre n'est-il pas devenu maintenant le numéro 1 en France ?

Tout se présente bien pour le Mondial d'Helsinki où l'affrontement promet avec les rivaux traditionnels soviétiques. Jean-Claude Perrin, le premier, essaie de calmer les médias. Il a été trop échaudé par Moscou et Athènes. Dès le meeting de Nice, il a jugé bon de calmer le jeu : « La soirée fut très douce sur les bords de la Méditerranée, mais les bords de la Baltique ont la réputation d'être plus frais ! »

Perrin est tout de même fort impressionné par les progrès de Pierre et souligne : «C'est celui qui possède le plus de qualités en vitesse-détente. Il est moins fiable en technique. Mais c'est clair, ce "charmeur de qualité" est devenu un battant.»

Dans le stade majestueux des fameux JO d'Helsinki et des duels Mimoun-Zatopek de 1952, la fraîcheur ambiante annoncée par Perrin se confirme, hélas ! Le premier Mondial de l'athlétisme est étincelant pour Carl Lewis «le nouvel Owens», et quelques cracks qui accèdent désormais au rang de stars avec la magie de la télévision : quatre heures chaque jour de retransmissions télévisées avec NBC, aux États-Unis, comme en France. Mais la campagne tricolore a tourné court. Et les perchistes sont tombés dans le double piège de conditions atmosphériques déplorables et d'un traquenard tendu par «l'inconnu» du team soviétique, Sergueï Bubka, qui semble sorti de nulle part et n'a pas encore 20 ans.

La bataille aérienne avec les Soviétiques a tourné au fiasco, le 14 août : 1. Bubka (URSS) 5,70 m – 2. Volkov (URSS) 5,60 m – 3. Tarev (Bulg.) 5,60 m – 6. Abada (Fr) 5,50 m – 8. Vigneron (Fr) et Kozakiewicz (Pol) 5,40 m. Pierre Quinon : non classé, trois échecs à 5,40 m.

«La veille, j'avais réussi 5,40 m aux qualifications au milieu des bourrasques de vent et de pluie, a expliqué Pierre. Quand je suis arrivé pour la finale je ne pensais qu'à la victoire et à des barres hautes. Mon premier essai raté à 5,40 m m'a fait douter. C'était mal engagé. J'ai réalisé après que je n'étais pas encore assez fort psychologiquement pour une compétition de ce niveau. Cet échec m'a terriblement ébranlé... mais servi. J'ai bien compris qu'à 21 ans je devais faire face à de nouvelles réalités. Et déjà réagir positivement...»

Pierre dira également plus tard : «J'ai aussi pensé après coup que l'esprit commando que l'on vit au Racing peut produire une dynamique collective, mais dans la compétition de très haut niveau on se retrouve seul. Là c'est toute la force mentale personnelle qui guide la réussite. J'en tiendrai compte.»

La presse française, au lendemain de ce nouveau rendez-vous manqué à Helsinki, s'est mise sérieusement à gronder. Jean-Claude Perrin, lui, a piqué une grosse colère et il s'en est pris surtout à Thierry Vigneron et Pierre Quinon «incapables d'être prêts pour cette compétition (Thierry) ou qui se croient déjà à 6 m (Pierre)». Découragé, il parle même d'une maldonne insupportable pour lui et d'une démission possible. Il n'en sera rien.

Le retour en France et à Colombes n'est pas glorieux. L'ambiance désormais ne sera plus tout à fait la même. Perrin a tout décrypté et même culpabilise. Il faut éviter les chamailleries, assurer les liaisons, remotiver les troupes... La tension est là, mais ne va pas durer longtemps. Pas question de battre en retraite. Pierre comme Thierry, comme Patrick Abada ne peuvent laisser passer ce qui a été présenté dans la presse comme une déroute inadmissible.

Dès le 26 août, c'est Patrick Abada qui lance le premier le signal de la révolte. Il passe 5,70 m (record personnel) au Mémorial Van Damme à Bruxelles puis tente en vain le record du monde à 5,82 m. Le 28 août, Patrick, Pierre, Thierry et Serge Ferreira sont à Cologne. Ils ne risquent pas d'être encore blackboulés par les Soviétiques. Aucun n'est là ! Ils sont remotivés et même regonflés à bloc. « L'heure est venue de prendre ma revanche personnelle, expliquera plus tard Pierre, celle où après avoir pris conscience d'une situation contraire il faut réagir, se prendre en main. Alors c'est vraiment le gros coup qu'il faut viser, celui qui doit agir comme un détonateur. Je sais que le record du monde est à ma portée. »

Il est exactement 18 h 15, en cette soirée de rêve pour Pierre, au stade de l'ASV Cologne, le dimanche 28 août 1983. La foule est excitée, encore sous le charme du record du monde du 1 500 m que l'Américain Sydney Maree a réalisé une demi-heure avant. Mais tous les regards sont tournés maintenant vers la perche et l'ambiance est à nouveau électrique. Le speaker a annoncé que la barre a été placée à 5,82 m confirmant qu'il s'agit d'une tentative « du Français Pierre Quinon » contre le record du monde du Soviétique Polyakov (5,81 m).

Pierre est en bout de piste d'élan, vêtu du maillot bleu de l'équipe de France et d'un short noir. C'est l'instant ultime et précieux des petits pas et des marques vérifiées, des gestes minutieusement calculés avant de saisir fermement la perche. Recherche de la concentration suprême. Quête du souffle juste. Et son regard n'a pas cillé en observant cette barre qui culmine là-haut vers ce premier Eldorado qui le fait rêver depuis si longtemps. Tous ses copains se sont regroupés au pied du perchoir pour l'encourager. Le cercle de l'amitié s'est instinctivement reformé…

Aller au bout de soi-même. S'élever très haut comme pour une renaissance. Pierre n'a plus que cette obsession en tête, tandis qu'il s'élance maintenant dans une course qui se veut à la fois rythmée, vive puis fulgurante et bientôt furieuse. L'assaut a été violent dans le butoir. La perche est idéalement pliée. Et Pierre jaillit magnifiquement dans les airs dans ce mouvement si esthétiquement pur du perchiste. Et là-haut tout est limpide. L'esquive a été parfaite. Pierre a laissé échapper un cri de victoire et laisse éclater maintenant sa joie sur le matelas de réception, avant de s'élancer les deux bras levés vers Patrick Abada, Thierry Vigneron et Serge Ferreira qui accourent, le saisissent à bras-le-corps… et vont le déposer avec un grand éclat de rire au milieu de la rivière de steeple ! Pierre est recordman du monde. Quel bonheur !

«Il s'agit pour moi d'un recommencement, déclarera-t-il peu après. Je m'en voudrais toujours d'avoir manqué Helsinki. Ici, je passe 5,70 m puis 5,82 m dès le premier essai. C'est quand même le signe que j'ai progressé. Et je vais travailler sans relâche pour briller maintenant aux Jeux de Los Angeles.»

Pour couronner cette soirée d'apothéose, Pierre a tout de même été le premier perchiste du monde à tenter ensuite la barre mythique des 6 m… avant Bubka.

«Il y avait 25 000 personnes dans le stade, déclarera-t-il plus tard à Patrick Glanz de *L'Équipe*. Ils étaient tellement heureux de voir ce défi. Et moi je m'attaquais à un sommet persuadé qu'il serait sans doute atteint bientôt.» Et voici de nouveau Pierre aux anges… mais conscient que tout peut aussi tourner très vite.

Quatre jours plus tard, le 1er septembre, le tandem Pierre-Thierry est au stade Olympique de Rome pour le Golden

Gala. Un sautoir que Thierry affectionne particulièrement. Pierre est déjà redescendu sur terre. Thierry, lui, ne pense plus qu'à jouer à son tour le rôle du revenant : «À Helsinki, a-t-il déclaré, j'étais arrivé saturé. Ce n'était pas ma vraie valeur!»

Bref, il va passer à l'attaque. Preuve que la «maison France» ne s'est pas laissée emporter par un courant de catastrophisme. Preuve qu'il n'est pas un «dilettante» comme ont pu le suggérer certaines critiques après Helsinki.

Thierry a passé 5,60 m au premier essai. Pierre n'a pu franchir sa première barre, complètement démobilisé après Cologne. Thierry alors s'est approché de Pierre et lui a fort correctement demandé :

«Si cela ne t'ennuie pas et si tu es d'accord, je vais tenter ton record du monde.»

Et à 23 heures, Thierry s'est envolé majestueusement dans la nuit bleutée romaine et sous les sunlights à son troisième essai au-dessus du record du monde... de Pierre Quinon : 5,83 m. C'est tout de même le quatrième record mondial de sa carrière!

«Je suis redevenu le perchiste le plus haut du monde, annonce-t-il alors fou de joie. Maintenant, je peux préparer plus sereinement les jeux Olympiques de Los Angeles, l'an prochain.»

Comme Thierry, à Cologne, Pierre s'est montré beau joueur, précisant que Thierry au départ voulait faire placer la barre au même niveau que son record de Cologne à 5,82 m :

«Je lui ai répondu : "Mets 5,83 m, tout record est fait pour être battu!"... »

Pierre se croyait le «maître du monde». Il a mesuré l'espace d'une belle soirée romaine combien l'exercice du pouvoir pouvait être fragile. Mais il annonce : «J'irai à Los Angeles pour gagner. Oui : être le premier!»

Pierre veut être encore conquérant mais n'a pas l'intention de se bâtir un empire. Et puis Patrick Abada est toujours là qui, lors des jeux Méditerranéens à Casablanca, a bien failli passer 5,84 m!

9

La lumière vient-elle du Nord ?

«Pierre, en raison de son âge, sa fraîcheur, son potentiel, sera peut-être le seul capable à l'avenir d'approcher Bubka et pourquoi pas de renverser la vapeur.»

Alain Ripoll

Un vrai coup monté. Il est signé Bubka !

Sur les écrans radars de Colombes, les voyants se sont mis soudain à clignoter violemment au rouge en ce début d'année 1984 qui mène tout droit aux jeux Olympiques de Los Angeles prévus en août. «On l'a bien compris, la mission olympique pour LA se doit d'être maintenant exemplaire et hyperefficace, a claironné Jean-Claude Perrin dont le discours n'est jamais tiède. Personnellement je considère que Los Angeles sera la dernière chance de se refaire ! »

À l'autre bout du fil, Maurice Houvion a, lui aussi, confié sa très vive préoccupation. La menace que fait peser désormais Sergueï Bubka se précise. Avertissement sans frais : « l'homme de Moscou », ce super-Tarzan aux muscles d'acier, vient de s'offrir par trois fois le record du monde en salle : 5,81 m à Vilnius, le 15 janvier, puis 5,82 m à Milan, le 1er février, et 5,83 m (devant Olson 5,80 m !), le 10 février, à Inglewood, près de Los Angeles.

Ainsi le défi a-t-il été lancé sans tarder à l'adresse des Français, mais aussi directement sous le nez des Américains, à un moment où l'hypothèse d'un boycott soviétique pour les JO ne fait qu'effleurer seulement les esprits.

Bubka vient tout juste d'avoir 20 ans. On comprend mieux que non content d'avoir provoqué une mégasurprise au Mondial d'Helsinki, ce drôle d'oiseau va désormais embarquer toute la concurrence dans une belle zone de turbulence. Bubka n'est pas un « vengeur masqué », ni un froid calculateur, il est simplement déterminé et il est surtout très fort et talentueux.

Mais pas de panique pour les Français, rassérénés immédiatement après le Mondial 1983, à Helsinki, par les deux records du monde en plein air de Pierre Quinon (5,82 m) et Thierry Vigneron (5,83 m) destinés à laver l'affront. Pierre et Thierry, tout comme Bubka, ressentent en tout cas, curieusement, dès l'ouverture de la saison indoor, une furieuse envie d'en découdre et de marquer leur terrain. Après avoir amplement prouvé qu'ils partageaient le même sens de l'honneur, les «révoltés français d'Helsinki» sont clairement pressés de retourner au combat, et Pierre Quinon – comme Bubka – souhaite, dès le mois de janvier, aller se frotter aux Américains de l'autre côté de l'Atlantique. C'était le plan de Perrin. Ainsi avec ses 5,70 m au Sunkist puis 5,60 m aux Millrose Games, Pierre a-t-il fait jeu égal avec le numéro 1 des States, Billy Olson. Une entame plus que rassurante dans l'optique de la course olympique. Thierry Vigneron, lui, a réalisé un excellent 5,72 m au Grand Prix de Noël à Colombes en décembre et 5,73 m lors d'un match à Vittel contre les Britanniques. En revanche, il n'a pas souhaité effectuer, en janvier, la tournée en salle organisée aux États-Unis avec Patrick Abada, Pierre Quinon et Philippe Sivillon. Il a justifié cette prise d'indépendance «par le souci de prendre désormais sa carrière en mains, de maintenir sa confiance à Alain Ripoll pour son suivi technique, tout en fixant désormais, lui-même, la programmation de ses compétitions».

C'est un peu pour cette raison aussi que Thierry a choisi de faire cavalier seul en rejoignant plus tard, lui aussi, les États-Unis, pour y disputer uniquement les championnats US indoor du 24 février, au Madison Square Garden... Pas forcément une bonne idée même s'il a retrouvé Bubka et les Américains. Les conditions techniques sont très souvent mauvaises au Madison. Gêné par une piste d'élan trop courte, Thierry a totalement manqué son concours à 5,44 m. Sergueï Bubka, lui, a dû se contenter de 5,64 m. Mais, ironie du sort en cette période politiquement tendue, Bubka est devenu... champion des États-Unis !

Pour Thierry, comme pour Pierre, le rendez-vous majeur de l'hiver a bien été fixé aux championnats d'Europe en salle, à Göteborg, les 3 et 4 mars. Ils souhaitaient surtout en découdre sur des barres hautes dans un rendez-vous majeur avec Sergueï Bubka et Constantin Volkov. Pas de chance : ils vont se contenter d'affronter Alexandre Krupsky, le champion d'Europe 1982 à Athènes (et 5,74 m, en 1983). Étrange cependant le choix du camp soviétique. Que cache l'absence des deux leaders de l'URSS et d'autres cracks de l'URSS partis quelque temps tous ensemble, auparavant, dans des meetings aux États-Unis ? Bubka a-t-il redouté un coup fourré des Français ? Ou plus vraisemblablement a-t-on décidé à sa place ?

À Colombes, l'ambiance conquérante a repris le dessus en cette fin d'hiver. Un peu tendue malgré tout depuis le « clash d'Helsinki » et une rivalité maintenant concrète, mais non affichée, à l'approche des Jeux de Los Angeles, entre Vigneron et Quinon. Tandis que Philippe Houvion, le « puciste », après avoir choisi pour des raisons personnelles de s'éloigner quelque temps de la haute compétition, envisage son retour, les quatre postulants en pointe pour la sélection olympique sont a priori tous du Racing (Vigneron, Quinon, Abada, Ferreira), sans négliger la progression très intéressante de Philippe Collet. Il n'y aura que trois billets pour les JO !

Pierre Quinon reste en tout cas d'une totale sérénité, affichant toujours son apparente insouciance mais aussi de très bonnes résolutions. Il parle tranquillement de ses projets avec toujours le regard de quelqu'un qui souhaite aller loin et haut, donc réussir.

Sa vie «parisienne» est désormais parfaitement ordonnée. Après un court passage au lycée Robert Schumann de Colombes, il s'est inscrit à l'Institut français de gestion. Caroline, sa petite amie, sa future femme, est venue le rejoindre dans la maisonnette de la rue François-Faber. Il aime toujours autant la musique – new wave underground et cold wave de David Bowie – avec un penchant très prononcé pour l'Anglais très branché Joe Jackson («I'm the man», «Night and Day»). Il va au cinéma et peut-être que *Vol au-dessus d'un nid de coucou*, le film de Milos Forman aux cinq Oscars, l'inspire (question hauteur) en vue des JO de Los Angeles. L'un de ses acteurs préférés reste clairement Yves Montand. Il va aussi de temps en temps au restaurant, chinois de préférence. Il fréquente toujours ses amis les plus proches comme Éric Neyvoz, Alain Morineau, Alain Benhadda et Olivier Perrin (le fils de Jean-Claude). Il pratique aussi parfois, mais prudemment, du trail sur un parcours aménagé dans un bois près de Cormeilles-en-Parisis avec son coach attitré Georges Martin.

«La haute compétition, c'est très excitant, dit-il, mais j'ai souvent besoin de voir ailleurs et de prendre du recul. À l'entraînement, tout le monde dit que je saute très peu à la différence de Thierry qui enchaîne sans arrêt les sauts tellement il est perfectionniste. C'est ma vraie nature : je ne veux pas vivre, moi, dans cette obsession. Cela ne m'empêche pas d'être un gagneur. Je ne sais pas si je le serai, mais je vis dès maintenant pour être champion olympique.»

À cet égard, le rendez-vous européen du 4 mars, dans le majestueux Scandinavium de Göteborg, constitue pour Pierre une date capitale inscrite déjà dans sa planification olympique. Ce qui va se passer, il est vrai, du côté du grand nord de l'Europe, aura de quoi étourdir sinon éblouir les plus fans des supporters tricolores. On ne peut pas parler d'un plan concerté pour ces retrouvailles de Pierre et Thierry avec, en jeu, la conquête d'un titre européen en salle. Sous-jacente : une vraie question en revanche interpelle. Qui tient les commandes de l'avion France ? Thierry sans doute mais pourquoi pas Pierre ? Et qui des deux sera le « sauveur » à Los Angeles, après tant de turpitudes ?

Leur match sous les projecteurs du Scandinavium devant tout l'aréopage européen s'annonce en tout cas comme une première passe d'armes fort excitante. Thierry l'aborde très confiant. Il est le leader en place, mais il a vu surgir depuis peu Pierre avec son air ingénu, cette façon de ne vouloir toucher à rien... mais qui s'est permis d'être le premier perchiste de l'Histoire à tenter les 6 m à Cologne, six mois plus tôt ! Dans l'immédiat, plutôt que de régler entre eux un compte inutile sur le thème de l'hégémonie nationale, c'est davantage une nouvelle riposte au récent défi de Bubka (3 records en salle) qui les mobilise prioritairement. Donc aller le plus haut possible, s'attaquer au dernier record du monde en salle de Bubka à 5,83 m : voilà l'affaire !

Cette étape sur la route de Los Angeles s'annonce primordiale. Elle va prendre en fait une dimension historique. Un vrai déclic ! Au point que Jean-Claude Perrin manquera de défaillir dans un final saisissant qui se conclura sur une tentative... de Thierry Vigneron, cette fois, contre les 6 m !

« Il ne pouvait pas se produire, à seulement quelques semaines des JO, un succès aussi merveilleux et un événement psychologique aussi favorable pour nous après tant de coups durs immérités ! » lâchera-t-il visiblement très ému.

Sous la voûte étoilée du Scandinavium, l'escalade de Pierre Quinon et Thierry Vigneron est en effet absolument fantastique. Grisante partie de poker où les annonces sont de nature à déstabiliser l'adversaire dès lors que le seul rival soviétique, en l'occurrence, Alexandre Krupsky, a été déposé sans ménagement à 5,60 m. Un duel d'une beauté fantastique s'engage alors entre les deux tricolores devant un public suédois médusé et ravi de se voir offrir le concours le plus élevé de toute l'histoire de la perche mondiale. Thierry et Pierre sont totalement engagés dans un combat farouche pour le titre européen et le record du monde en salle. Seule la victoire compte pour eux. Et la barre valse de 5,70 m (Vigneron) à 5,75 m, record de France en salle (Quinon), puis 5,80 m et 5,85 m, record du monde en salle (Vigneron). Au milieu de cette euphorie, Pierre a même décidé de faire une impasse et s'est réservé... pour 5,90 m, afin de pouvoir l'emporter.

Mais c'est Thierry qui tient la main après avoir magistralement effacé la barre dès son premier essai à 5,85 m, lançant un grand cri de joie avant de tomber à la renverse sur le matelas de réception et de rester inerte en attendant que la barre, tout juste effleurée, s'immobilise définitivement sur les taquets. Il est alors devenu, effectivement, le premier homme au monde à 5,85 m, balayant du même coup le tout récent record mondial en salle de Sergueï Bubka, à Inglewood (5,83 m). Pierre Quinon, cependant, n'a pas dit son dernier mot. Il n'a pas été pour autant déstabilisé par cette réussite comme il me le confiera peu après : « Je n'étais pas surpris. Personnellement après mes 5,75 m, j'étais déjà heureux de l'opération. C'était un record de France en salle. À mes yeux une barre de niveau "olympique". Je pensais à LA. Très bon signe. Mais je connais Thierry comme si c'était un frère. J'ai bien vu qu'il avait l'attitude d'un athlète qui maîtrise tout. Il était prêt à aller encore beaucoup plus haut, après mes 5,75 m. Ça crevait les yeux ! Il pouvait ensuite passer 5,80 m et même 5,85 m. Et moi, j'avais une furieuse envie de le contrer.»

C'est alors que les officiels demandèrent l'intervention d'une échelle de pompiers pour les 5,90 m demandés par Pierre... en attendant les 6 m prévus par Thierry ! Jamais dans l'histoire de la perche mondiale on n'avait vu un concours atteindre ce niveau et mettant en prise pour la victoire et le record mondial deux concurrents d'un même pays, en l'occurrence français.

Bien sûr, Thierry Vigneron ne voulait rien lâcher. Il s'expliquera ensuite : «J'ai bien réalisé, après mes 5,85 m, que la partie n'était pas encore gagnée puisque Pierre avait déjà choisi d'attaquer les 5,90 m. J'étais déjà très heureux d'avoir dépassé le record du monde de Bubka tout en regrettant qu'il ne soit pas là. Qu'aurait-il fait contre nous ? Le week-end précédent, je l'avais trouvé un peu en forme déclinante, à New York... Et là, avec Pierre on était assez survoltés. C'est un formidable compétiteur. Il m'a poussé dans mes derniers retranchements. Ce n'est pas la première fois. Et, entre nous, il n'y avait plus que la victoire qui comptait...»

Après les 5,85 m de Thierry Vigneron, Pierre Quinon revient donc en piste devant une barre hissée avec toutes les peines du monde à 5,90 m. Et Pierre s'élance à toute vitesse devant quelques milliers de spectateurs littéralement captivés déjà par l'intensité de ce mano a mano. Il réussit un piqué magistral, plie au maximum sa perche et se propulse soudain en un éclair au-dessus des 5,90 m. Il engage jambes et bassin. On retient son souffle. Va-t-il parvenir à esquiver la barre au bout de ce saut qui paraît prodigieux ? Non hélas. En glissant de l'autre côté de la barre, il la touche avec les épaules et l'embarque dans sa chute :

« Manque de concentration, regrettera-t-il ensuite. Tout s'est produit en un clin d'œil. J'étais tellement surpris de me retrouver si facilement tout là-haut que j'ai touché maladroitement lors de l'esquive. Mais quelle belle empoignade avec Thierry ! »

Les deux tentatives suivantes ne seront pas meilleures. Quant à Thierry, ses essais à 6 m vont être également infructueux au terme d'une lutte sans merci et trop épuisante. Peu importe : le concours a été tout simplement prodigieux et voici nos deux compères enlacés comme deux frères dans les bras l'un de l'autre et comme seuls au monde. Ils ont dévoilé au grand jour leurs nouvelles ambitions, et traversé l'événement comme « deux avions de chasse » pourrait dire Perrin, pour tracer la voie de leur nouvelle mission olympique.

Après ce double exploit, la perche française paraît de fait idéalement relancée dans la course pour Los Angeles comme le souligne Robert Parienté dans *L'Équipe*, qui parle « d'une note particulièrement euphorique pour la génération des 6 m ».

Pierre, avant de regagner Paris, me confie le soir même à Göteborg son nouvel état d'esprit à l'aube de la saison olympique : « J'ai appris à gagner sur moi-même. Attaquer à un tel niveau à Göteborg, c'était très excitant. J'ai franchi un cap. Thierry, lui aussi, m'a impressionné par sa maîtrise technique exceptionnelle. Je le vois régulièrement à Colombes abattre un très gros labeur à l'entraînement. Il travaille constamment son geste. Il le vit. Il semble capable maintenant de se sortir comme à Göteborg des situations les plus délicates. Sûr : il sera prêt pour Los Angeles.»

Thierry Vigneron voit de son côté en Pierre non seulement un candidat aux 6 m, mais l'un des grands favoris pour le titre olympique : «Avec Pierre, tout est possible maintenant. À la moindre erreur, il passera devant moi. Il est plus rapide que moi. Il a ce petit grain de folie de jeunesse qui lui permet les sauts à risques. Quand il me rencontre, je sais qu'il est prêt à tout ! On a vécu ensemble quelque chose de fabuleux à Göteborg. Je rêve de recommencer la même chose aux JO, cet été.»

Le double exploit de Thierry et Pierre, sous le chapiteau du Scandinavium de Göteborg, a bien sûr été perçu en France comme un très bon présage à l'approche des Jeux de Los Angeles. Magnifique symbole de résistance à la montée en puissance de Sergueï Bubka dont la suprématie semble encore loin d'être acquise en ce début d'année 1984, malgré ses tentatives de prise de pouvoir.

Oui, rien que des bonnes nouvelles ! Alain Ripoll, l'entraîneur attitré de Thierry Vigneron, se déclare fort impressionné aussi par la progression de Pierre Quinon et par la manière dont il s'est élevé au-dessus de la barre à 5,90 m à Göteborg : «Il me semble que Pierre par son âge, sa fraîcheur et son potentiel... sera peut-être le seul capable, à l'avenir, d'approcher Bubka et pourquoi pas de renverser la vapeur.»

Il faut cependant rester vigilant. Concernant le «phénomène Bubka», Wladislaw Kozakiewicz, dès le printemps

1984, fait courir la rumeur que Sergueï aurait franchi plusieurs fois déjà, à l'entraînement, un élastique à 6 m, à Donetsk... mais va certainement se contenter de faire durer le plaisir avant de dépasser cette limite ! De son côté, Maurice Houvion, le «pape de la perche française», révèle, lui, qu'il a visionné de près les documents filmés ramenés tout récemment des États-Unis par Jacques Piasenta (alors entraîneur de Stéphane Caristan et Michèle Chardonnet... plus tard Marie-Jo Pérec) : «Il est le plus rapide de tous, actuellement, perche en mains et le plus puissant, affirme Maurice Houvion. Je découvre un phénomène unique dans l'histoire de la perche. Vu son âge, il va durer très longtemps et son potentiel semble sans limite. Comment faire pour le battre ? Les Français vont devoir sérieusement s'accrocher ! »

En fait, deux mois vont suffire pour ramener les perchistes français à une réalité très concrète. Bubka mijote en effet un casse un peu plus spectaculaire que celui déjà accompli en indoor. Dès le 26 mai, il s'empare pour la première fois dans sa carrière du record du monde en plein air à Bratislava : 5,85 m soit... 2 cm de mieux que les 5,83 m de Vigneron à Rome, à la fin de l'été 1983. Deuxième coup de tonnerre assez désagréable, le 2 juin, à Saint-Denis, sur le sol français donc, en l'absence de Pierre Quinon, légèrement blessé. Les perchistes français sont alors en phase préparatoire et reviennent d'une tournée américaine (Vigneron, Abada, Quinon) qui servait surtout selon Perrin «de repérage et de réglage», et s'est avérée d'ailleurs sans éclat. Bubka, lui, est en forme record, tout simplement. Peut-être pas par hasard ! Ambiance assez particulière pour ce meeting organisé par *L'Humanité* devant 12 000 spectateurs avec une majorité de sympathisants dont la sensibilité politique ne fait aucun doute tant ils acclament... Bubka. Thierry Vigneron, très batailleur, a été stoppé à 5,70 m puis 5,75 m. Et Bubka s'est envolé en sifflotant au-dessus d'une barre à 5,87 m remesurée à 5,88 m !

Après ce deuxième record du monde, Sergueï refuse de commenter l'effet de la bombe qui a éclaté, quelques jours plus tôt, le 8 mai, dans le ciel de Los Angeles : le «niet» du Kremlin pour les JO 1984, réponse au «no» de Jimmy Carter pour les JO 1980 à Moscou ! La déflagration avait retenti juste au lendemain du départ en Grèce de la flamme depuis Olympie vers les États-Unis. Bubka, malgré lui, est exclu de la course. Son rêve de domination planétaire, et sur tous les tableaux, s'efface... provisoirement.

«C'est une décision politique qui ne m'empêchera pas d'aller encore plus haut cet été !» se contente-t-il de déclarer prudemment à Saint-Denis.

Il se réserve en fait déjà pour un nouveau coup spectaculaire, à Londres, sans doute téléguidé par les autorités soviétiques, juste avant l'ouverture des JO.

Avant cette échéance, le verdict des championnats de France, à Villeneuve-d'Ascq, a été sans appel. Pierre Quinon a idéalement conduit sa préparation pour arriver en grande forme et remporter la triple couronne : troisième titre consécutif donc avec 5,70 m... devant Thierry Vigneron, 5,60 m et, demi-surprise, Serge Ferreira, 5,60 m. Ces trois-là iront donc aux JO et malheureusement Patrick Abada ne pourra défendre sa chance. Écarté des JO comme pour Moscou.

Un deuxième test capital est prévu pour Pierre Quinon, avant le départ aux États-Unis : meeting à Lausanne, le

10 juillet. Nouveau match en plus avec Thierry Vigneron. À haute altitude puisque Pierre passe 5,70 m puis 5,80 m chaque fois au premier essai tandis que Thierry, après 5,70 m au troisième essai, a raté d'abord 5,80 m puis tenté en vain 5,85 m. Pierre Quinon alors a fait placer la barre à 5,90 m pour tenter de reprendre à Bubka son récent record (5,88 m). Mais déconcentré par la présence d'une centaine de jeunes supporters descendus des gradins pour connaître le grand frisson, au pied du sautoir, il a échoué. Mais quelle démonstration !

Pierre affiche le soir même un optimisme tranquille et déclare à Patrick Glanz de *L'Équipe* : « Je me sens presque en avance sur mon tableau de marche. Il ne me reste plus qu'à régler mon problème au piqué. Autrement, j'ai les jambes. Thierry est comme moi, il approche de la grande forme. C'est clair : nous arrivons tous deux à Los Angeles pour gagner ! »

Pas un mot en revanche pour évoquer les petits tiraillements qu'il ressent dans la cuisse gauche depuis quelques jours. Consigne bientôt de Jean-Claude Perrin à toute la troupe : « Rien ne doit transpirer côté presse pour ne pas perturber notre préparation là-bas. » Il s'avère cependant que Pierre couve peut-être un claquage musculaire. Perrin justifiera ainsi, plus tard, cette cachotterie diplomatique : « Avec ses dernières performances, Pierre fait figure de favori. Pas question de créer donc un affolement général qui agiterait la volière après un passage par les chambres à échos médiatiques. » Le secret va rester longtemps gardé avant les trois coups olympiques.

Le départ pour Los Angeles a été fixé à 15 heures, le mercredi 11 juillet, juste au lendemain du meeting de Lausanne, sans Ferreira qui part de son côté. Sergueï Bubka, privé de JO, se trouve lui, le même jour, avec ses perches, embarqué dans l'avion de l'Aeroflot entre Moscou et Londres, sans doute missionné pour une sorte de baroud d'honneur. Et la fusée éclairante rouge, estampillée du boycott olympique de l'URSS, va éclater royalement dans le ciel londonien, alors que les perchistes français sont à peine installés dans leur belle villa à Beverly Hills ! «Gospodine Sergueï» a hissé le record du monde à 5,90 m lors des Talbot Games au stade de Crystal Palace, le 13 juillet, dans la banlieue de Londres.

Réaction de Pierre Quinon au téléphone : «Pas vraiment surpris, dit-il. Si j'ai tenté 5,90 m, moi-même, à Lausanne, juste avant de partir, c'est bien parce que je sentais son souffle dans mon dos ! Il nous a pris de vitesse. Mais dans l'immédiat, nous avons plutôt la tête ailleurs...»

Il est vrai qu'en débarquant, deux jours plus tôt à l'aéroport de Los Angeles, Pierre comme Thierry n'avaient déjà d'yeux que pour la fameuse colline du mont Lee dominant l'immensité de la ville, avec la fameuse enseigne mythique s'étalant sur 110 m de long et ses neuf lettres géantes en peinture blanche : H-O-L-L-Y-W-O-O-D. Pour eux : premier plan symbolique pour un film olympique nourrissant déjà tous leurs fantasmes. Direction Beverly Hills avec les perches sur le toit des voitures de location. Direction la villa du comte de Montaigu à Hillside Drive, près des grands studios, en rêvant peut-être de devenir à leur tour, toutes proportions gardées, des stars hollywoodiennes.

10

Hollywood nous voilà !

«J'ai privilégié l'isolement loin du village olympique. Arrivée un mois avant les JO : parfait pour l'organisation, l'adaptation physiologique et psychologique.»

Jean-Claude Perrin

Ce n'est pas du Lelouch version *L'aventure c'est l'aventure* ou encore *Vivre pour vivre,* mais nous n'en sommes pas loin. En tout cas le scénario a été bien ficelé et le tournage va pouvoir commencer.

Bienvenue dans «la cité des Anges». Perrin est au porte-voix. «Moteur !» Première séquence et gros plan sur l'arrivée des perchistes français en Californie avant les JO. Les acteurs sont en place, le nez au vent, le cœur léger, manifestement ravis de respirer à pleins poumons l'air de ce pays qui fascine tant les Européens. Ils sont bien sûr prêts à donner le meilleur. Alors «Let's go!» comme disent les Américains. Simple rappel de Perrin : «Nous entrons maintenant dans le plus dur moment de notre trajectoire olympique, celui de l'ultime ligne droite...»

L'avion d'Air France s'est posé à 18h45 précises, le mercredi 11 juillet, sur l'une des pistes principales du Los Angeles International Airport. Location de deux voitures. Direction le nord-ouest de Los Angeles en essayant de ne pas rater les bons freeways, entrées et sorties. En route pour Hollywood! Point de chute : Beverly Hills et un petit bijou de villa tout en haut de la colline. S'y tient la résidence du comte Alain de Montaigu, au 8210 d'Hillside Drive, dans un lieu sacré et consacré qui appartient au fameux «triangle d'or». On est ici au milieu des demeures de luxe de quelques milliardaires ou de stars de cinéma, comme autrefois Gary Cooper et Marilyn Monroe. C'est bien là, pendant quatre semaines de grand soleil et de ciel bleu, dans ce pays «où le printemps ne finit jamais», que Pierre Quinon comme Thierry Vigneron vont se préparer à affronter dans les airs, et dans un numéro annoncé de haute voltige, leurs rivaux olympiques et en particulier deux redoutables Américains, Mike Tully et Earl Bell.

Seul petit nuage dans le ciel immaculé de l'expédition : Serge Ferreira, le troisième larron, qui par surprise avait gagné in extremis son billet à la place de Patrick Abada, s'est déclaré pour ainsi dire «déserteur» par rapport au clan du Racing. Il a pris une sérieuse tangente quelques jours avant le départ. Il a choisi finalement d'arriver plus tardivement avec un conseiller, «son gourou» dit-on, un certain Ismaël. Ferreira a prévu de loger chez un copain américain naturalisé, Tom Hintnaus, devenu brésilien pour pouvoir disputer les JO. Ferreira sera localisé aussi, après son arrivée, dans un hôtel de Santa Monica. La plus grande partie de la sélection tricolore, en athlétisme, doit s'installer, elle, près de San Diego, à Escondido, avant d'être dispatchée vers le village olympique. Si le «cas Ferreira» va créer quelques soucis à la FFA et au chef de la délégation olympique française, Henri Courtine, Jean-Claude Perrin a estimé qu'au bout du compte cette «marginalisation» inattendue n'était peut-être pas plus contraignante pour l'ambiance du groupe…

Sur son agenda, Jean-Claude Perrin a tout noté. Cérémonie d'ouverture des JO, le 28 juillet. Début de l'athlétisme, le 3 août. La finale olympique de la perche est programmée pour le 8 août. Les qualifications auront lieu quarante-huit heures avant. En attendant, l'ensemble du staff – style commando de choc… mais relax ! – a été configuré sur le mode d'une logistique hypersophistiquée mais également antistress. Sur ce point, le cadre idyllique, l'environnement s'y prêtent plutôt bien ! Pour les déplacements, le comte de Montaigu a laissé à disposition une Cadillac cabriolet Eldorado et pour le transport de matériel, une Ford Ranger.

Principe fédérateur à respecter par tous : «Après Moscou et Helsinki, plus le droit à l'erreur !» a lancé Perrin.

Il a déjà pris de longue date une précaution capitale auprès du DTN, Jean Poczobut – dont il loue encore aujourd'hui la compréhension et la confiance –, pour négocier cette liberté de manœuvre. Certes, elle fait un peu jaser les responsables d'autres disciplines. Les sélectionnés olympiques en général arrivent en effet, encore à l'époque, en groupes bien encadrés par le CNOSF et les fédérations. Des camps de base ont été établis autour de Los Angeles, mais les sélectionnés olympiques de tous les sports doivent venir ensuite s'installer, selon la tradition, au village olympique...

Bien joué donc de la part de Perrin. Royale tranquillité d'action... tout en maintenant les contacts avec les «autorités supérieures». Il a en plus superbement intégré l'ensemble des paramètres qui conditionnent la conquête des médailles. Adaptation au milieu ambiant. Repérages divers et précision millimétrée de la préparation. Organisation de la vie domestique et des déplacements. Organisation des soins avec le kiné du Racing, Marc Vernet (en dernière semaine), et contacts avec trois médecins : le Dr Perry à Los Angeles – qui suit aussi Carl Lewis –, le Dr Gérard Saillant à San Diego avec les Français et le Dr Vrillac, médecin-chef de la délégation. Réglages dans deux compétitions à Berkeley, Sacramento et Walnut. Préparation psychologique avant l'offensive finale.

Il y a aussi un chef cuisinier français sur place, Roger Lagneau, un Lyonnais, comme Pierre Quinon. Il est en quelque sorte le majordome en fonction dans la villa. Missionné par Alain et Marie-Ange de Montaigu (noble et grande famille du Sud-Ouest). Grande complicité donc entre Roger et Pierre qui souvent adorent griller ensemble les foies de volaille sur le barbecue ou «à la lyonnaise», à la poêle...

«Très drôle alors de les voir ensemble discuter cuisson, dose de vinaigre et d'oignons pour faire revenir les foies!» précise Philippe Sivillon.

Bref, tout est ordonné autour d'une opération très affinée en vue d'un objectif suprême dans un climat le plus convivial, le plus apaisant possible.

Tout incitait donc à cette prise d'indépendance à l'écart des grandes turbulences olympiques, en se préservant au maximum de la presse afin d'éviter la fameuse «pression médiatique».

Personnellement j'ai obtenu de Perrin le numéro du «téléphone rouge» de la villa afin de pouvoir prendre régulièrement le pouls de la préparation... et être informé de l'état de forme, la bonne santé et la motivation de Pierre Quinon et de Thierry Vigneron. Perrin a prévu de toute façon de venir lui-même souvent à la rencontre des journalistes français au centre de presse ou au village olympique pour faire circuler les bonnes infos.

L'une d'elles touche notamment au financement de l'opération, sujet sensible et d'ailleurs rarement abordé. En fait, Lee Cooper, qui habille toute la bande en blue-jean et vêtements divers, assume une bonne part des frais de gestion de la villa, avec la participation conséquente de l'agence Gamma. Celle-ci a obtenu l'exclusivité des photos des magazines sur place. Les deux photographes Hervé Tardy et Pierre Perrin logent d'ailleurs dans la villa et y ont établi un petit labo de poche pour leurs films... ce qui a fait un peu sourciller la concurrence et notamment le service photo Presse-Sports de *L'Équipe*. Patrick Abada a non seulement facilité la location de la villa avec le comte de Montaigu – excellente relation personnelle – mais il a aussi négocié avec Patrick Descamps, directeur de marketing de Lee Cooper, ce partenariat providentiel. Patrick a manqué sa qualification pour les JO mais il va jouer dans la vie quotidienne du team, à Beverly Hills, un rôle capital. Il est à la fois le grand frère expérimenté, et une sorte d'intendant général.

Pour le reste, Perrin est là, solide au poste, afin d'insuffler en permanence auprès des siens cet optimisme ardent qu'il porte toujours en lui, cette bonne humeur qui le caractérise («moral de vainqueur») afin de passer à l'action quotidiennement. Cette fois, franchement, on ne pourra pas dire que les conditions idéales n'ont pas été réunies pour partir à la conquête des médailles.

Alors, bien sûr il y a eu encore une «pichenette» donnée par Bubka, pratiquement dès l'arrivée sur le sol californien... Sergueï est privé de JO en raison du boycott. Il s'est rappelé au bon souvenir de ses amis français. Son appétit de records s'annonce réellement sans limite. Sa progression continue d'intriguer. À peine installés à Hillside Drive, nos amis perchistes ont donc appris que le futur «tsar de la perche mondiale» a franchi 5,90 m, le 13 juillet au soir à Londres. Il est passé sans complexe, et en un an seulement, de 5,60 m à 5,90 m ! Dans *L'Équipe*, Robert Parienté, dans un édito, écrit aussitôt : «Maintenant tout est clair. La course-poursuite avec Bubka va continuer de fort belle manière pour la perche française. Il faudra se montrer digne des réalités !» De fait.

Dans l'immédiat, Pierre comme Thierry veulent surtout se montrer dignes de leur mission sacrée à Los Angeles, même s'ils se sentent parfaitement aptes à riposter, le moment venu, à Bubka. Priorité aux Jeux ! Et la vie à Beverly Hills, dans l'attente des trois coups, est tellement chouette ! À chacun son décor. À chacun son rêve. Pourquoi ne pas penser que cette villa d'Hillside Drive, transformée en pension de famille, ne sera pas la «maison du bonheur», celle de la douce France au cœur du glamour hollywoodien ?

D'ailleurs quand on gravit la petite route tortueuse qui mène à la villa du comte de Montaigu, en laissant derrière soi les splendeurs d'un panorama à couper le souffle, comment ne pas se dire que l'on va pouvoir passer ici de belles journées ensoleillées dans un calme absolu... en attendant aussi une «belle bleue» au Coliseum ?

La répartition des chambres a été décidée. Pierre Quinon occupe une toute petite pièce au confort spartiate en rez-de-chaussée avec un matelas au sol... et beaucoup de désordre. Il pourra aussi s'y réfugier en solitaire pour écouter religieusement toutes ses musiques. Jean-Claude Perrin (dans la lingerie !), Patrick Abada et Philippe Sivillon, tous Racingmen, en mission d'accompagnateurs, ont aussi chacun leur chambre. Thierry Vigneron a préféré finalement s'isoler juste à côté, dans une autre villa tenue par une amie de Gérard Holtz, en attendant le regroupement pour la dernière semaine. Il attend l'arrivée de sa fiancée. Il retrouve chaque jour toute la troupe parfois à la villa mais surtout régulièrement aux entraînements. Son coach particulier, au Racing, Alain Ripoll, loge lui à l'Holiday Inn et le rejoint pour les entraînements collectifs sur le petit stade des Pompiers, à proximité directe, ou à UCLA. En revanche, Georges Martin qui supervise au Racing la préparation de Pierre n'a pu malheureusement venir à LA. «Bill» Perrin, de ce fait, va suivre totalement Pierre.

Dans la villa d'Hillside Drive, où rien cependant n'est clinquant, il y a une très belle salle de séjour dont la moquette épaisse est blanche. Les sofas sont accueillants. Une grande télé trône dans le salon pour suivre l'actualité olympique sur ABC qui organise en 1984 la superproduction des JO. Dehors : une piscine bleutée en forme de haricot et un jacuzzi. Très tentante, la baignade ! Jamais interdite ! Depuis la terrasse : plongée – visuelle cette fois ! – sur l'immensité, la beauté insolente de Los Angeles. Et tout autour les villas somptueuses impeccablement entretenues par des paysagistes, les belles limousines, les cabriolets de luxe… Calme absolu dans cet environnement très «safe» comme on dit aux États-Unis… L'ambiance est aussi assez électrisante. Non loin de là : les plages de sable blond de Santa Monica, de Venice. Plus près encore, la fameuse Rodeo Drive et ses boutiques de luxe, entre Santa Monica Boulevard et Wilshire Boulevard, là où l'on s'attend à croiser à tout moment une Julia Roberts à lunettes noires, comme dans *Pretty Woman* !…

Mais gare au piège ! Ne pas se perdre, quand même, dans cet univers cinématographique tellement enjôleur ! Heureusement, depuis la villa de Montaigu, il suffit d'embrasser le panorama éblouissant de Los Angeles, pour apercevoir aussi très distinctement l'imposant Coliseum, l'arène olympique ! Celle-ci ramène à une autre réalité, de plus en plus pressante maintenant ! C'est quand même là qu'il faudra s'éclater sans retenue le jour J comme Jeux et à l'heure H comme Héroïque ! La tension va monter doucement…

Alors tout s'est bien mis en place après une arrivée un peu cocasse que raconte Patrick Abada :

«Nous avons débarqué en plein tournage de photos de charme, avec de jolies filles dans le plus simple appareil et manifestement ravies de voir de jeunes et beaux gars français faire irruption. Mais nous avons su garder la tête froide. Enfin, c'était très inattendu et très drôle. L'ambiance démarrait sur une note qui nous convenait fort bien !»

Jean-Claude Perrin a mis bon ordre et fixé les grandes lignes de la planification. «Être autonome et près de mes athlètes, à l'écart du système, m'était apparu indispensable, a-t-il expliqué. Il reste à se montrer maintenant à la hauteur de notre engagement, donc très précis et rigoureux.»

Chacun est donc placé devant ses responsabilités. Chacun doit respecter scrupuleusement son rôle. Et après deux séances d'entraînement, dès le premier jour, sur le stade d'UCLA déjà très verrouillé par les services de sécurité et une administration pointilleuse, les perchistes français ont compris qu'ils vont devoir se rabattre aussi pour plus de facilité sur un deuxième stade très proche. Pas de problème ! Ils dénichent très vite le petit stade des Pompiers avec sa piste en cendrée minuscule, et une pelouse avenante. Il est juste à proximité de la villa de Montaigu. Parfait pour la préparation et l'entretien physique du matin ainsi que pour le jogging, tandis que l'après-midi est consacré à la musculation dans une salle spécialisée proche ou à l'université d'UCLA. La soirée, quand le soleil décline, concerne surtout des séances plus techniques de préférence à UCLA.

Pour le délassement : piscine, balades dans les quartiers avoisinants et forcément les avenues populaires du côté de Sunset Boulevard et Wilshire Boulevard. C'est là d'ailleurs en flânant un jour que Pierre Quinon, grand amateur de vieilles voitures américaines, va tomber en extase en visitant un magasin spécialisé. Objet de sa convoitise : une super Oldsmobile rouge modèle 1954 et mesurant 6 m de long ! Il a voulu rencontrer immédiatement le patron du magasin pour connaître tous les détails sur la voiture... et son prix.

« Écoute, petit, lui a dit le garagiste en lui donnant sa carte, si tu es champion olympique, je te promets que je te ferai un superprix. Rappelle-moi ! »

Premier rendez-vous de compétition, mais simple prise de contact, à Berkeley le jour de la fête nationale en France, le 14 juillet, à peine trois jours après l'arrivée. Personne n'est vraiment prêt vu le décalage, mais surtout le retard pour récupérer les perches a totalement déconcentré tout le monde. Seul Patrick Abada réussit une barre correcte à 5,42 m. Pierre a tenté directement 5,52 m. Trois échecs sans importance. En revanche, le problème de sa cuisse gauche va devenir de plus en plus préoccupant, deux jours après le meeting de Berkeley. Le secret est bien gardé pour ne pas créer l'affolement médiatique : « En fait, raconte Jean-Claude Perrin, tout s'est déclaré lors d'une petite séance de sprint court, le 16 juillet. Il avait déjà ressenti des tiraillements. On a vu très vite le Dr Perry pour les premiers soins, à Los Angeles et informé le Dr Vrillac, médecin-chef de la délégation française. Pas question d'ébruiter ce problème. »

Il n'empêche que l'on redoute une élongation à sa cuisse gauche. Dès lors plus question de sauts à l'entraînement pour Pierre. Entretien physique réduit, du gainage... Tout le groupe se mobilise pour que Pierre ne soit pas traumatisé par ce contretemps qui fait maintenant peser comme une épée de Damoclès sur sa participation, comme le souligne Alain Ripoll, l'entraîneur de Vigneron. Il l'a observé sur le stade d'entraînement : «Tandis que Thierry semble fin prêt, et qu'il suffit pour lui de maintenir la forme acquise, Pierre est blessé. C'est clair. Donc grosse incertitude. Mais il ne laisse rien paraître. À la différence de Thierry, si méthodique, si précis, Pierre a une forme d'insouciance positive. Pour moi, Pierre est un écorché vif au *fighting spirit* qui ne se préoccupe donc pas trop de ce qui l'entoure. Sa grande force en fait. Peu importe les conditions. Favorables ou non. J'ai été frappé ainsi de le voir s'attaquer très tôt et plus jeune aux records sans précision méthodique de ses marques en course d'élan. Il fonçait avec son mental de winner et ajustait sa foulée. Il est tellement différent de Thierry !»

Pour lui changer les idées, Jean-Claude Perrin a loué un petit avion et, avec Pierre, ils ont effectué ensemble une heure de vol dans les parages. Ce n'est pas la première fois qu'ils prennent ainsi la voie des airs. Avec Patrick Abada et Philippe Sivillon, Perrin et Pierre ont monté il y a peu, en région parisienne, une association «Air Perche» dans le Val-d'Oise !

De toute façon, il faut bien, malgré ce souci, que la vie continue à Beverly Hills. On essaie de faire comme si de rien n'était. L'environnement est devenu de plus en plus sympa. Les Français ont été adoptés par tous les autochtones, y compris la star du rock, Rod Stewart, qui participe aux joggings quelquefois... et n'a pas révélé tout de suite son identité ! Tous les voisins sont aux petits soins pour la colonie française... mais persuadés, en bons patriotes, qu'en finale Mike

Tully – qui va porter à 5,82 m le record des États-Unis, le 21 juillet, à Eugene – et Earl Bell feront 1 et 2 !

Pierre, après un petit coup de blues, sait qu'il a une vingtaine de jours devant lui pour surmonter ce coup dur. Il conserve un calme étonnant, une vraie sérénité. Il surprend son entourage.

Hervé Tardy, le photographe de Gamma – aujourd'hui, patron de la maison d'édition Copyright-Tana –, se souvient : «Quand je le voyais le matin, ou le soir, en remontant à la villa où je logeais avec eux, j'étais impressionné par son calme. Étonnante présence. Toujours souriant et avenant. Une personnalité attachante. Physiquement déjà : un ange aux cheveux bouclés, aux yeux si clairs, vraiment beau comme un dieu. J'échangeais avec un infini plaisir avec lui. Il était attentif à tout et, bien entendu, à notre travail de photographes avec Pierre Perrin pour la couverture des Jeux. Pierre Quinon m'est apparu comme un garçon riche de l'intérieur, disponible et généreux, sûr de lui. J'avais en moi cette conviction que la vie allait lui sourire non seulement à Los Angeles mais aussi sans doute longtemps encore ; après…»

Pierre Perrin, l'autre photographe de Gamma (aucune parenté avec Jean-Claude Perrin) «locataire» également à la villa de Beverly Hills, tout en couvrant chaque jour les événements sur les différents sites olympiques, se remémore cette période : «Pierre n'a jamais laissé paraître le moindre trouble. Il savait meubler les temps morts et se distraire. Il faisait du shopping. Il voulait tout le temps voir aussi les belles voitures. Il me faisait l'effet d'un petit jeune, presque un gamin, ravi d'être là dans un pays dont il avait rêvé et comme en vacances ! Mais attention, je décelais dans sa personnalité la force invisible de quelqu'un qui a su parfaitement caler et bien tracer sa vie.»

Pour le deuxième meeting de réglage à Sacramento le 21 juillet, Pierre s'est donc contenté prudemment de regarder les copains sauter. Thierry Vigneron a franchi tout simplement sa meilleure barre de la saison avec 5,75 m avec une facilité déconcertante. Puis raté de très peu le record de France à 5,85 m. Il a confirmé ensuite une forme optimale en passant 5,65 m, le 26 juillet à Walnut. Serge Ferreira, malgré ses tribulations, a passé lui aussi brillamment 5,60 m. À deux jours de l'ouverture des JO, Thierry Vigneron est vraiment au top de sa forme. Il semble bien s'imposer comme le leader de la perche française pour la victoire olympique…

«Il me fait penser à une Formule 1 qui après le tour de chauffe est parée pour le grand départ», précise Alain Ripoll assez emballé.

La grandiose cérémonie d'ouverture des Jeux au Coliseum a été suivie dans la villa, à la télévision, par toute la troupe comme par 2,5 milliards de téléspectateurs dans le monde entier. Spectacle grandiose qui évoque la belle légende de l'Amérique, celle des conquérants de l'Ouest avec les fameux chariots, tout à la grandeur de l'Amérique… et d'Hollywood, avec aussi l'homme volant qui part dans l'espace, les quatre-vingt-quatre pianos blancs, au pied du péristyle, interprétant la fameuse *Rhapsody in Blue* de Gershwin. «L'appel des Jeux» est donc lancé et bien lancé. Il va faire grimper un peu plus, maintenant, la tension. Tout le monde a bien ri, aussi, en voyant Perrin, au milieu de la délégation française lors du défilé, danser la gigue !

Et puis c'est la très bonne nouvelle qui arrive maintenant concernant Pierre Quinon. Il ne souffre pas. Il ne ressent rien. Séance-clé organisée par Jean-Claude Perrin sur le stade d'UCLA en vue des qualifications du lundi 6 août. La barre a été placée à 4,50 m. Pierre utilise la petite perche dite «noire» des entraînements sur élan réduit. «Elle est faite pour s'amuser», précise Perrin. Une quinzaine de sauts vont s'enchaîner. Moment d'angoisse malgré tout. Comment la cuisse gauche fragilisée de Pierre va-t-elle réagir ? Perrin raconte : «Pierre ne manifeste aucune appréhension. Je sais que quelques décollages suffiront. S'il est en forme, le saut revient. Il s'est d'abord échauffé impeccablement. Puis les sauts se suivent. La barre ne bouge jamais... mais Pierre retombe à droite et à gauche. Il ne franchit en fait aucune barre... Séance terminée. Je le revois encore à 15 m de moi, tête baissée, dubitatif. Personne sur le stade. Seul témoin avec moi, Philippe Sivillon. Que va-t-il dire à mon approche ? Quand les situations sont sérieuses, il ne m'appelle plus "coach" mais par mon prénom. Et il me lance : "Après une séance comme celle-là, Jean-Claude, êtes-vous capable de m'engager aux JO ?" Et puis il éclate de rire !

«Là, précise Perrin, j'ai compris avec soulagement qu'il n'avait plus la moindre inquiétude. Il n'avait pas eu mal. Il était guéri à 90 %. Prêt à défendre ses chances dès les qualifications du lundi 6 août.»

Le Dr Gérard Saillant fait le soir même le voyage aller-retour de San Diego où se trouve le reste de l'équipe de France. C'est lui qui donne le feu vert définitif pour la participation olympique de Pierre qu'il me confirme au téléphone.

«Tout compte fait, cette période où Pierre n'a pas eu à disputer de compétition pré-olympique, où il a été contraint de "faire du jus" de la route pour les soins kiné, tout en traînant un peu pour découvrir des voitures de rêve, cela l'a amené frais et dispos pour le grand rendez-vous... et la rage au cœur», affirme Philippe Sivillon, fidèle compagnon de la belle aventure.

À partir de maintenant, c'est un peu le branle-bas de combat dans la villa de Beverly Hills où Thierry Vigneron et Alain Ripoll sont aussi présents. Quarante-huit heures avant les qualifications, Perrin a organisé une sorte de répétition générale. Déplacement minuté vers le Coliseum. Récupération de dossards. Pierre voit dans le numéro attribué le signe du destin : 300 !

«Ça alors, dit-il, c'est exactement mon numéro de dossard, quand, à 10 ans, j'ai passé ma troisième étoile de ski sur les pistes de La Clusaz. J'étais tombé pourtant, mais le moniteur m'a bien donné l'étoile !»

Suivre sa bonne étoile, c'est déjà passer le cap des qualifications prévues à 9 heures du matin. Réveil extrêmement matinal donc fixé par Perrin à 4 h 30. Petit déjeuner collectif. Légère séance de réveil musculaire dans le jardin de la villa. Départ fixé à 6 heures avec armes (les perches) et bagages (les équipements).

Il convient déjà d'arriver sans encombre au Coliseum. Jean-Claude Perrin a estimé que par prudence, il fallait rejoindre le stade olympique avec deux voitures au cas où se produirait une panne ou un accident. Très bonne précaution !

Premier incident :

«Perrin, Pierre et Thierry étaient dans une voiture devant nous avec Patrick Abada et on les suivait dans la deuxième voiture avec Philippe Sivillon, au volant, raconte Alain Ripoll. Et à un moment sur le grand boulevard nous nous sommes trouvés sur une mauvaise file avant de tourner à gauche. Nous avons été immédiatement stoppés par la police. Les accréditations nous ont sauvés. Les policiers nous ont pris pour des demeurés!»

Deuxième incident :

«Je conduisais la Plymouth, raconte Philippe Sivillon. Surprise : aux abords du stade surgit en face de nous une voiture dans le mauvais sens. Je pile sur place pour l'éviter. Elle effleure notre pare-chocs avant et son enjoliveur de droite tombe. Le gars – en fait, un juge étranger prévu pour l'épreuve de la longueur au stade – était paumé et affolé. Un constat est nécessaire. Il a fallu transférer une partie du matériel de notre voiture dans l'autre! Ouf, Thierry et Pierre sont quand même arrivés à l'heure!»

Les qualifications le matin, cela n'a rien de bon souvent pour les perchistes. Ils sont quatorze pour deux sautoirs. La chaleur s'avère vite pesante. Pierre Quinon et Serge Ferreira sautent en premier à 5,30 m. Première alerte pour Pierre, mal réglé. Il échoue à sa première tentative mais passe à la seconde. Il semble s'être fait mal à la cuisse qui a d'ailleurs été «strappée». Sa tentative à 5,40 m est autrement plus rassurante. Il est passé d'entrée et déclarera ensuite à Alain Lunzenfichter : «Je reste prudent car je ne peux pas courir à pleine vitesse. Je sens encore quelque chose à la cuisse.»

Pierre a renoncé ensuite à tenter 5,45 m, la limite de qualification, estimant que ses 5,40 m seront suffisants pour aller en finale.

Jean-Claude Perrin lui a d'ailleurs crié depuis les gradins de s'arrêter après 5,45 m. Il se montre catégorique : « J'estime que Pierre est en superforme ! »

Thierry Vigneron, pour sa part, a franchi avec grande facilité 5,45 m. Il affiche une totale confiance en vue de la finale : « Médailles et titre se joueront entre 5,70 m et 5,80 m. Je suis prêt à prendre tous les risques, mercredi. »

Les trois perchistes français seront donc en finale mais Ferreira, « le fils perdu » (*dixit* Perrin) toujours isolé, ne participera pas à la veillée d'armes collective à Beverly Hills. La journée de repos du mardi, là-haut, sera consacrée à la détente et à la concentration en prévision de l'assaut final de mercredi. Kaddour Rahal, « l'ami racingman » qui vit désormais à Washington, les a rejoints pour porter son message d'encouragement. Les liens se resserrent un peu plus. Jean-Claude Perrin fixe les dernières recommandations. Il effectue un aller-retour dans la journée pour assister aux épreuves d'athlétisme au Coliseum et rencontrer la presse, les radios. Ravi d'évoquer avec sa verve habituelle la grande finale du lendemain. Puis retourne plein d'espoir vers la villa.

La soirée s'annonce douce et calme à Beverly Hills. Le souper est léger avec au menu poisson, haricots verts et salades. La nuit descend tranquillement sur la ville.

« Pierre écoute des cassettes dans le jardin, raconte Jean-Claude Perrin, dans son livre. Les autres regardent la télévision. Pas un bruit. Dans le lointain, on voit la noria d'avions qui arrivent d'Europe. Et puis la télé est éteinte. Tout le monde part se coucher. Je relis quelques notes. Déconnecte les téléphones. Je m'isole dans le jardin et contemple la ville. Comment s'en emparer demain ?»

Tandis que dans la douceur de l'air et les lumières de la nuit, Perrin rêve d'une «opération coup de poing» en finale, Pierre, seul dans sa chambre, ne parvient pas à se laisser bercer par la petite musique mystérieuse du sommeil. Une idée incroyable soudain lui vient en tête : appeler Jean-Claude Killy !

11

KILLY : COURAGE PETIT PRINCE !

«Quant tu rentres sur le stade, tiens-toi droit,
les épaules en arrière, sûr de toi.
Comme le danseur Barychnikov.
La position du vainqueur. De l'imbattable !»

JEAN-CLAUDE KILLY

En août 1984, au moment des JO de Los Angeles, Jean-Claude Killy ne glisse pas encore avec élégance parmi «les seigneurs des anneaux» dans les couloirs de la diplomatie feutrée du CIO. Il ne deviendra en fait membre officiel du cénacle olympique qu'en 1995. Il ne s'en apprête pas moins à présenter pour le 20 novembre, en compagnie de Michel Barnier, la candidature française d'Albertville pour les JO d'hiver 1992. Et dans l'immédiat il se passionne naturellement pour les Jeux d'été qui ont commencé à Los Angeles et pour un sport, l'athlétisme, qu'il affectionne particulièrement.

En 1984, Jean-Claude Killy vit à Cologny en Suisse, tout près de la frontière française. Ce charmant canton genevois est considéré comme un paisible Beverly Hills «à la mode suisse», petit paradis pour grandes fortunes venues de Russie, du Kazakhstan, d'Arabie Saoudite, du Liban, d'Israël… ou de France comme Charles Aznavour fixé là, dès 1976.

Depuis sa belle propriété on découvre une vue imprenable sur le lac Léman et le fameux jet d'eau de Genève. Et plus haut, sur le golf du coteau, à 18 trous, Jean-Claude peut aussi contempler les neiges enchantées de ses Alpes chéries, celles qui ont fait le bonheur de sa vie. Bref à Cologny, Jean-Claude se sent bien et il adore séjourner là auprès de son épouse, l'actrice Danielle Gaubert. Pour le reste, il mène depuis belle lurette la vie trépidante d'un businessman, authentique globe-trotter, qui parcourt inlassablement le monde et saute d'un avion à l'autre.

À l'époque, le «golden boy» des JO de Grenoble 1968, le beau gosse du ski français au physique de cinéma, surnommé «Toutoune» au temps de sa splendeur sur les pistes, affiche sa quarantaine distinguée et souriante d'homme admiré, envié et à la réussite vraiment exceptionnelle. Jean-Claude est bien l'homme de tous les succès. Sa richesse personnelle sera plus tard estimée à plusieurs millions de dollars grâce à tous les contrats signés depuis que McCormack, après les JO de

Grenoble en 1968, l'a introduit auprès de Chevrolet. Il avait à peine 25 ans et déjà l'Amérique lui faisait un pont d'or. Parmi la centaine de sociétés qui l'ont sollicité par la suite, au premier rang Coca Cola et Rolex dont l'une des montres vintage, labellisée Killy, adjugée en décembre 2012 chez Christie's New York, a atteint le chiffre record de 638 500 dollars ! Tout un symbole !

Bien sûr Killy, l'idole, le gagneur insolent, au sourire de séducteur à la James Dean, et au parler velouté et confidentiel, a fait quelques jaloux. Mais, dans le monde du sport français – et pas seulement –, il a conservé une auréole parfaitement lisse et intacte. Le casse-cou un peu insouciant, adepte du « ça passe ou ça casse », du « départ catapulte » et de la « recherche de la meilleure ligne » au temps de ses triomphes de Portillo 1966 et Grenoble 1968, est non seulement considéré en 1984, déjà, comme l'archétype d'une reconversion stupéfiante mais aussi regardé comme un sage pour son expérience de champion. On apprécie donc fortement dans le milieu du sport français son intelligence, son charisme, sa disponibilité, son affabilité. Dirigeants, journalistes et sportifs de haut niveau, sont toujours ravis de l'approcher, le consulter, l'écouter comme a pu le faire Guy Drut, par exemple. Killy est bien « la » référence incontournable du sport français et Jacques Chirac songera à lui, à un moment, pour le ministère des Sports.

Jean-Claude non seulement peut proposer quelques bonnes recettes concernant la politique du sport mais il prête volontiers une oreille attentive à tous les jeunes athlètes en mal de réussite qui le sollicitent. Il ne manque alors pas d'évoquer sa règle d'or concernant le « perfectionnisme ». Elle a aiguillé toute sa carrière de jeune champion et influencé sa vie professionnelle : prise de risque maximale mais bien calculée et avant tout confiance en soi. «Le vrai danger, dit-il, est à l'intérieur de soi si on perd le fil de soi-même...»

Retour aux Jeux de Los Angeles. Dans la nuit du 7 au 8 août 1984, veille de la finale olympique du saut à la perche, Pierre Quinon ne parvient pas à trouver le sommeil dans la villa d'Hillside Drive à Beverly Hills. Phénomène classique. Aux JO de Tokyo, en 1964, Michel Jazy, pris de panique, à la veille du 5000 m, s'était échappé du village olympique en pleine nuit pour rejoindre sa femme Irène dans un hôtel voisin...

Pierre Quinon, lui, s'aperçoit qu'il est en train justement de «perdre le fil de lui-même». Comment lui vient alors l'idée de joindre au téléphone Jean-Claude Killy, le «grand frère»? Pourquoi cet appel au grand ancien tout juste croisé quelque temps avant les JO mais qui lui avait laissé son numéro de téléphone. Pierre ne le dira que beaucoup plus tard. Il faudra attendre même douze ans et l'année 1996, celle des JO d'Atlanta, pour qu'au hasard d'un reportage d'Olivier Margot pour *L'Équipe* chez Killy, à Cologny, le triple champion olympique de 1968 se charge lui-même de dévoiler ce secret. Un long échange téléphonique s'est bien déroulé entre eux le 7 août 1984 depuis Los Angeles alors qu'il était déjà 9 h 30 du matin, le 8 août en France.

Jean-Claude se trouvait en déplacement professionnel vers le site de production de vêtements portant sa griffe à Chaumont-en-Vexin, près de Beauvais. Plutôt surpris qu'on lui tende un téléphone et franchement abasourdi d'entendre cette voix fragile venue d'Amérique, empreinte de politesse respectueuse mais surtout porteuse d'une folle inquiétude. Inattendu, tellement intense émotionnellement pour lui que Jean-Claude Killy a voulu tout consigner après coup sur une feuille de papier, une pratique chez lui extrêmement rare, sauf circonstances exceptionnelles.

Olivier Margot a tout raconté dans *L'Équipe* du 12 juillet 1996, avant l'ouverture des JO d'Atlanta, dans le cadre d'une série de grands reportages «Au voyage du siècle» consacrés à cent ans d'olympisme, de la Grèce éternelle jusqu'à Atlanta 1996. Il revenait de Lausanne et d'une longue interview avec Juan Antonio Samaranch. Il avait fait le détour par Cologny pour y rencontrer Jean-Claude Killy. Choc aussi pour l'excellent Margot quand il voit l'ami Killy brandir sous ses yeux la fameuse feuille relatant l'échange avec Pierre Quinon : «J'ai retrouvé cette fiche. C'est une sacrée histoire. J'ai beaucoup hésité à te la raconter mais douze ans après, il y a prescription», a-t-il précisé.

Et Jean-Claude, d'une voix lente et en pesant bien ses mots, a détaillé l'entretien : «Passée la surprise et en prenant sur le moment le combiné et en entendant sa voix, je calcule rapidement : neuf heures de décalage horaire, c'est le milieu de la nuit à Los Angeles.

«– Je fais la finale des Jeux demain, lui annonce Pierre Quinon, et je ne me sens pas bien. Je ne peux pas dormir. J'ai eu envie de vous appeler.

«Il me faut gagner du temps pour réfléchir, souligne alors Jean-Claude. Je propose de le rappeler pour que cela ne lui coûte pas cher.»

Mais Pierre insiste. Alors Jean-Claude Killy se résout à engager immédiatement le dialogue :

«Est-ce que tu sais ce que font les autres au même moment ? Ce sont des hommes qui ne dorment pas et qui ont peur.

«– Ah bon ?

«– Oui, ils sont morts et ils ne le savent pas encore. Je sais ce qu'il faut que tu fasses. Ce qui t'effraie c'est l'inconnu et l'inconnu c'est l'imprécision. (Au fur et à mesure, tout me revenait, tout ce que je faisais quand j'étais comme lui, à la veille d'une finale olympique.) Tu vas vite prendre un bout de papier et dresser le check-up du saut parfait. Ce papier, tu le mets à côté de toi et tu vas t'endormir comme un bébé. Et si tu ne t'endors pas, aucune importance. Parce que tu seras sur l'élan. Sais-tu que ces Jeux ont été organisés pour toi, que c'est une opportunité fabuleuse, que la foule demain viendra pour toi ? Ça va t'étonner, mais je sais que ça va marcher et je le sais depuis longtemps. Alors écoute-moi bien : il faut que plus rien ne change. Tu prends ton short, ton matériel...

«– Justement, j'hésite, répond Pierre, j'ai des chaussures neuves...

«– Non, prends le matériel habituel et ne change pas non plus tes habitudes alimentaires. Surtout, maintenant que tu as écrit le saut parfait, Pierre, quand tu vas rentrer sur le stade, tu te tiens droit, les épaules en arrière, sûr de toi. Ça vient de la danse classique, regarde Barychnikov. La position du vainqueur, de l'imbattable ! Et surtout quand tu descends et remontes le sautoir, tu ne baisses pas la tête, tu les regardes dans les yeux. (Je me voyais sur le sautoir avec Karl

Schranz en face, je vais le bouffer, je m'y voyais !) Et la barre va mourir de rire de te voir passer si haut !

«Et là, il me dit :

«– Je me sens beaucoup mieux. Je suis content. Excuse-moi de te déranger. Je t'embrasse très fort.»

Fin de la communication. Jean-Claude Killy reste interloqué. Il pense avoir fait passer le bon message. Celui de la victoire. Il indiquera plus tard à Olivier Margot : «Le lien établi cette nuit-là, pour lui, et ce matin-là, pour moi, restera à jamais gravé dans ma mémoire.»

Il en est persuadé : il a donné à son jeune interlocuteur les clés du contrôle de soi pour ouvrir «la porte des étoiles», savoir se découvrir «en se mesurant avec l'obstacle». Principes de base symboliques comme il l'a révélé un jour dans *L'Équipe* à Michel Clare, qui fut à l'époque de ses exploits son plus fidèle confident. Jean-Claude Killy lui avait ainsi révélé autrefois sa passion pour les écrits de Saint-Exupéry, l'ancien pionnier de l'aviation. Un véritable guide pour lui après la lecture de *Terre des hommes* qui inspira *Le Petit Prince* ou encore *Vol de nuit*. Il a puisé dans la philosophie humaniste de Saint-Ex nombre de ses idéaux en accord avec son père Robert Killy, ancien résistant, lui-même ancien pilote de chasse et héros de la guerre de 40 dans l'escadrille des «Lévriers». Une vraie leçon de vie lui fut ainsi enseignée sur le sens de l'existence, de l'amitié, du courage, de l'héroïsme au contact de la nature et en observant parfois l'immensité du ciel dans la douceur de belles nuits étoilées (comme chez lui à Val-d'Isère) pour y découvrir face à l'éternité l'espérance et la sérénité.

Très significatif d'ailleurs l'échange entre Pierre Quinon et Jean-Claude Killy lorsque celui-ci lui annonce «que la barre va mourir de rire» en le voyant passer «si haut» à la faveur d'un saut victorieux. Dans le droit fil en fait de ce qu'a exprimé Saint-Exupéry dans ses livres : «Fais de ta vie un rêve et d'un rêve une réalité… En regardant le ciel, tu auras toi des étoiles qui savent rire… Les étoiles sont éclairées pour que chacun puisse un jour retrouver la sienne…»

À Los Angeles finalement, Pierre Quinon, ne pensant plus aux trois coups de sa finale olympique, s'est assoupi doucement en rêvant de lune et d'étoiles.

12

Tout l'or du monde

«Ma seule inquiétude c'était de caresser
la médaille d'or… avant de l'avoir en poche.
Et puis ce fut le bonheur intense, inimaginable…
terriblement court, cinq à six secondes!»

Pierre Quinon

L'aube s'est levée doucement sur la ville et, avant le petit déjeuner à la villa Montaigu, à Beverly Hills, Pierre est allé contempler la splendeur du panorama. Comme chaque matin, une étonnante lueur rouge enveloppe l'horizon pour se confondre dans le bleu du ciel, dessinant la promesse d'une fort belle journée et, qui sait, l'annonce d'un grand bonheur…

Si Pierre ne laisse en général rien deviner de ses peurs, peut-être qu'en promenant son regard solitaire sur Los Angeles, avec au loin le Coliseum, pense-t-il quand même secrètement alors à ce que lui disait souvent sa mère, autrefois, avant d'affronter une épreuve difficile : «Prends garde à toi, Pierre. Fais attention ! Oui, fais bien attention !»

Mais pour être franc, Pierre se sent plutôt comme un gamin libéré, prêt à jouer avec les événements, à conjurer tous les maléfices. C'est bien l'apanage des plus grands champions qui savent se sublimer au moment voulu car ils se sentent très forts dans leur tête. Killy lui a tout expliqué ! Et un peu plus tard dans la journée, près du stade, ce sera au tour de Michel Hidalgo de prêcher la bonne parole.

Éric Neyvoz, l'ami très cher de Pierre, dira à ce sujet après l'avoir souvent observé en d'autres circonstances : «Pierre dans ces cas-là, au bout de la piste d'élan, perche en mains, me fait penser à un très fin tireur à l'arc qui ne cille pas du regard en visant la cible et ne pense plus qu'à réaliser, dans la précision ultime, le geste parfait qui doit lui permettre d'atteindre pleinement le centre.»

Nous sommes le mercredi 8 août. «D Day», disent les Américains. Finale olympique de la perche. Et rien n'est joué ! Tout à l'heure, 90 000 spectateurs seront massés et feront corps dans le chaudron du Coliseum pour chanter et scander joyeusement, comme chaque jour, «U-S-A ! U-S-A !». Ils vont brandir et faire claquer leurs petits drapeaux «Stars and Stripes» et clamer vigoureusement leur fierté de porter à «bout de voix» vers la victoire leurs meilleurs athlètes. Au nom de la sainte patrie.

Pierre, comme Thierry, comme Serge, seront les «hommes à battre» à la perche pour un public dont le chauvinisme exubérant a sans doute dépassé largement tout ce qu'on avait pu connaître jusqu'alors dans la longue histoire des jeux Olympiques.

Personne aux États-Unis ne peut imaginer un seul instant que Mike Tully, en forme éblouissante après ses récents 5,82 m à Eugene, puisse se retrouver en difficulté face aux Frenchies. Il veut, il doit être champion olympique tout comme «King Carl» Lewis, le même jour, sur 200 m, nouvelle étape vers son grand chelem historique 100 m-200 m-longueur-4×100 m. Dans le *Los Angeles Times* qui consacre chaque jour une quarantaine de pages sur les JO, Carl Lewis occupe bien sûr royalement le terrain, mais d'autres héros sont mis à l'honneur, comme le nageur Michael Gross, la petite gymnaste Mary-Lou Retton, les basketteurs, les footballeurs que l'Amérique découvre avec émerveillement – et notamment le onze tricolore d'Henri Michel qui triomphera du Brésil en finale – et pour en revenir à l'athlétisme, le duel très attendu entre Mary Decker et la «coureuse aux pieds nus» Zola Budd, ou encore Edwin Moses, Seb Coe, Evelyn Ashford, Joan Benoit, Daley Thompson...

Au centre de presse, notre ami Alain Lunzenfichter, de *L'Équipe*, a procédé, la veille de la finale de la perche, à un sondage très révélateur auprès de quelques bons confrères étrangers et français. Sur 38 journalistes interrogés, 24 ont fait de Mike Tully leur favori, 9 ont opté pour Thierry Vigneron, 3 pour Pierre Quinon et 2 pour Earl Bell. Le carré d'as est bien là pour la partie de poker. Quant au célèbre magazine *Sports Illustrated* il a pronostiqué sans surprise dans son spécial JO : 1. TULLY. 2. BELL. 3. QUINON ! Pierre, aux yeux de ce confrère renommé, semble paraître plus dangereux que Thierry.

Jean-Claude Perrin ne s'est pas formalisé de cette enquête très favorable aux Américains. Il a de toute façon lancé du côté de la presse française un cri de ralliement sans équivoque, façon Bigeard : «Un seul but : la victoire!»

Mais très vite nuancé : «Tout peut arriver!»

Un succès français ne ferait sans doute pas plaisir à l'Amérique, mais aucun ostracisme n'est à prévoir à l'égard des Français dans le Coliseum. Les gars de Perrin sont venus assez régulièrement aux États-Unis depuis quatre ans. Ils ont battu des records du monde. Leurs noms sont familiers à la presse et au grand public.

«À la limite, raconte Perrin dans son ouvrage, notre défi pour eux a un caractère sympathique. Celui de l'outsider, du challenger, costaud mais sans arrogance, venu d'un pays dont la légende est plutôt liée au coq au vin, au Saint-Émilion ou au n° 5 de Chanel, qu'à la production de Dieux du Stade!»

Perrin a quand même tout envisagé en montant depuis plusieurs mois son scénario... y compris l'éventualité d'une défaillance très plausible d'un adversaire américain soudain déstabilisé par la pression populaire.

Sur ce plan, le coach dit aussi : «Pour être champion olympique et monter sur le podium, la technique n'est plus la partie essentielle. C'est l'homme qui prend le pas avec sa volonté, sa détermination et son inébranlable confiance.»

Pierre a clairement en lui cette confiance qui a déjà sauté aux yeux de tous ses camarades à Beverly Hills. Il confiera au lendemain des JO à Renaud de Laborderie, chef des sports

L'heure du sacre olympique

Rendez-vous glorieux pour Pierre Quinon, le 8 août 1984, au Coliseum de Los Angeles. Il a franchi 5,70 m et 5,75 m au premier essai. Ses rivaux américains ont été désarçonnés. L'or est au bout de sa perche !

Les beaux jours
Petit Pierre deviendra grand, mais à 4 ans, il profite surtout de tous les bonheurs familiaux comme ici avec sa sœur Isabelle et sa mère Jeanine, du côté de Salaise.

Un petit gars audacieux
Pierre découvre l'athlétisme sur le stade du Rhodia Club de Péage-du-Roussillon. Il est intrépide, aime le risque. La perche l'attire forcément.

Premier coach : son père !
Henri Quinon – ici, à Utrecht pour les championnats d'Europe juniors 1981 – a fait découvrir à Pierre, très tôt, les joies de l'athlétisme en attendant le haut niveau.

Décollage immédiat
Perrin, l'ancien pilote, fin stratège et meneur d'hommes, a très vite fait décoller Pierre, depuis la « base de Colombes », vers les sommets de la réussite.

Les quatre mousquetaires
Thierry Vigneron, Pierre Quinon, Jean-Michel Bellot et Patrick Abada ont porté brillamment les couleurs du Racing CF et se sont attaqué tous les quatre aux records du monde.

Destination l'Olympe
Il n'a jamais été saisi par le doute à l'heure H. La stratégie pour mener son concours, la beauté de son style, l'explosivité pour survoler les barres victorieuses, ont été parfaites pour la conquête du titre olympique.

Au septième ciel
Place à l'émotion pendant *La Marseillaise*. Pierre a atteint son rêve. À 22 ans, il a déjà la médaille d'or autour du cou. Les deux Américains Mike Tully (à g.) et Earl Bell (à dr.) sont déçus. Thierry Vigneron (bronze) espérait mieux.

Douceurs du Midi
Pierre a fondé une famille magnifique avec Caroline, son amour de jeunesse, et ses deux garçons Robin, l'aîné, et Jean-Baptiste, le second sur les genoux de son père.

Une seconde passion
Il aimait les impressionnistes… mais il a opté pour l'expressionnisme abstrait en se lançant dans la peinture. Ici devant l'une de ses toiles avec Stéphane Diagana.

Une drôle d'idée
Surprise ! Il quitte la région bordelaise en 1993 pour monter son affaire : une rôtisserie à Hyères !

Georges, le fidèle
Pierre est toujours resté proche de Georges Martin, son mentor au Racing (ici avec Romain Mesnil).

Avec l'ami Galfione
Pierre était l'idole de Jean Galfione. Une belle amitié entre les deux champions olympiques s'est nouée avec la complicité du « maître de la perche », Maurice Houvion (au centre).

Champion lumineux, pas une star !
Il promenait sa tranquillité souriante, sa douceur affable au fil d'une trajectoire imprévisible. Son destin glorieux a soudain basculé le mercredi 17 août 2011, à Hyères. Pierre Quinon, champion singulier, tellement attachant, a hélas rejoint l'autre paradis.

au *Parisien* et directeur de la collection Sports aux Éditions Solar : «Depuis des mois et des mois, je n'ai fait que songer à cette finale des Jeux. J'ai tout analysé et prévu. L'orientation du sautoir. Les conditions climatiques. La température. Le vent qui change de sens quand le soleil décline. L'heure exacte du concours avec les courses qui se déroulent sur la piste en même temps. Le 200 m de Carl Lewis qui va créer une excitation folle dans le stade… Mais j'ai aussi pensé à une éventuelle blessure. Ce rendez-vous, il ne fallait pas le manquer et je ne serai surpris de rien. J'ai déjà disputé à l'avance cette finale, dans ma tête…»

Tout a été programmé pour que la bande quitte son refuge de Beverly Hills à temps pour être à 13 h 30 précises sur place. C'est Jean-Claude Perrin qui, à la demande de Pierre Quinon, a fait office de cuisinier avant le départ en grillant les steaks accompagnés de haricots verts. Tous les équipements ont été vérifiés. Prudence ensuite pour rejoindre le village olympique, puis le stade, en évitant de connaître les mêmes tracas de circulation qu'avant les qualifications. Une rencontre de choc très symbolique se profile. Un hasard providentiel…

Perrin et sa troupe croisent, en effet, devant la cafétéria du village olympique Michel Hidalgo. Il achève un déjeuner en terrasse avec les dirigeants du CNOSF. Hidalgo est – et est resté – l'une des personnalités les plus attachantes, les plus écoutées du sport français. Il vient d'écrire avec le onze de Michel Platini, juste un mois auparavant, l'une des plus belles pages de l'histoire du football avec le titre européen 1984 contre l'Espagne (2-0). En voyant passer les perchistes français qui s'apprêtent à rejoindre le terrain d'échauffement, Michel se lève d'un bond et vient les congratuler, les encourager avec ces mots simples, ces mots chaleureux qui partent du cœur et dont il a le secret. Tous ensemble, ils prennent un café. Hidalgo ne cesse de leur parler calmement, doucement, avec des arguments, des anecdotes, des souvenirs personnels. Sa parole est d'or. Et c'est l'or aussi qu'il leur souhaite. Il se souvient :

«Ce fut un moment très fort, un souvenir très précieux pour moi, précise Michel. Les perchistes incarnaient à mes yeux ce que je respecte le plus dans l'engagement d'un sportif de haute compétition : l'esprit et le cœur. Et que peut-on rêver de plus grand qu'un titre olympique avec cette chance unique de pouvoir disputer une finale dans le cadre d'un événement aussi exceptionnel, où il convient de défendre dignement les couleurs de son pays ?

«Je venais de vivre, avec mon équipe de France au Parc des Princes, la joie intense d'un titre européen largement mérité qui effaçait en partie la détresse du pari manqué, l'absence en finale de la Coupe du monde 1982, l'injustice du France-Allemagne de Séville. Rien n'est définitif. Le parallèle était facile avec les perchistes français avant LA 1984. Ils avaient brillé et connu des aléas. J'admirais en eux cet amour désintéressé de leur discipline, cette volonté de faire face. Ils étaient ambitieux pour la France dans le parfait esprit olympique. Je les ai sentis concentrés. Avant de les quitter je leur ai dit simplement : "Profitez de ce jour exceptionnel, appréciez cette chance de vivre en acteurs un moment rare. Vous avez tout mis en œuvre pour être à ce rendez-vous. Maintenant, vous avez les cartes en mains pour viser la médaille d'or et le podium. À vous de jouer !" »

Avant de s'en aller au-devant d'un combat avec les Américains qui s'annonce intense et autant psychologique que technique, le message de Michel Hidalgo a clairement agi comme un élixir galvanisant. Ils étaient prêts à passer, comme l'avait dit Hidalgo, «le plus bel après-midi de leur existence»! Et Perrin n'avait plus qu'à ajouter avant de les quitter : «Allez-y, les gars! Avec conviction. Et confiance!»

Quand, tout à l'heure, les trois perchistes américains Mike Tully, Earl Bell et Doug Lytle vont pénétrer dans l'enceinte du stade olympique, sous un soleil de plomb, et venir s'asseoir sur leur petit banc en face des Français, ils vont être submergés par une ovation monstre des 90 000 spectateurs, de nature à faire monter l'adrénaline. Pas automatiquement dans le meilleur sens...

Thierry, Pierre et Serge sont apparemment d'un calme absolu. Ce n'est plus l'ambiance des meetings où ces beaux gosses de perchistes chahutent volontiers ensemble. Les regards sont plus méfiants. Pierre d'ailleurs pense à ce que lui a conseillé Killy : «Garder le buste bien droit et le regard haut, dans l'attitude d'un danseur classique comme Barychnikov.» Thierry expose comme toujours un calme réfléchi et inaltérable. Serge Ferreira semble plus nerveux, aux aguets, mais chez lui c'est classique : il est impétueux par nature, une vraie pile.

Le défi est lancé. La confiance est là. Les choix de barre restent à programmer. Le concours va durer plus de six heures. La guerre des nerfs commence. La lutte s'annonce intense et atteindra un stade extrême pour le dénouement dans le soleil couchant.

Pierre et Thierry ont déjà en tête qu'il faudra se situer à 5,75 m-5,80 m pour l'emporter. Avant de tenter l'estocade si tout se passe bien, la tactique consistera à désarçonner l'adversaire sur les ultimes choix de barre, voire de profiter de tentatives ratées par celui-ci sur les barres inférieures... en évitant d'en commettre soi-même.

Dans l'immédiat, place aux habituels préparatifs avec les étuis de perche de chacun qui sont maintenant alignés sur la pelouse, près de la piste d'élan. Le sautoir se trouve côté tribune opposée. J'observe à la jumelle depuis la tribune de presse le petit ballet des juges avec leur pantalon gris perle, veste jaune et curieux chapeau blanc. Ils vérifient tout. Ils viennent consulter les concurrents pour connaître leur premier choix de barre et l'inscrire sur la feuille officielle du concours. Il est exactement 16 h 10 à Los Angeles, donc déjà 1 heure du matin en France. Les ténors savent d'ores et déjà qu'il leur faut maîtriser leurs nerfs et d'abord rester patients. Une longue attente est à prévoir avant d'en découdre tandis que les premiers concurrents vont s'escrimer sur les barres inférieures, s'y reprendre parfois à trois fois pour franchir une barre secondaire ou échouer.

Perrin parle d'un moment angoissant comparable à celui des pilotes de chasse en temps de guerre dans l'attente de l'ordre du «take-off».

Sur les barres inférieures justement, Serge Ferreira a craqué d'entrée. Rien ne s'est passé comme il fallait pour lui malheureusement dans l'approche des Jeux. À tort ou à raison, il s'est senti abandonné. Serge a calé directement à 5,30 m. Il ne sera même pas classé dans cette finale. Trop dur pour lui.

Au milieu des gradins à ciel ouvert, inondés d'un soleil implacable et en bordure de la ligne opposée, à proximité du sautoir, on peut apercevoir à la jumelle très distinctement le petit clan des Français. Ils sont tous là, solidaires et rassemblés autour de Jean-Claude Perrin et quelques supporters français. Philippe Sivillon a confectionné le matin même des drapeaux tricolores de fortune avec des bombes aérosols de peinture. Arrivés tôt, le coach et son équipe ont pu établir le lien visuel indispensable avec Pierre, Thierry et Serge.

Tout maintenant fonctionne entre eux à l'aide de petits gestes convenus et discrets, des signes brefs et facilement interprétés, une sorte de sémaphore comme entre deux navires qui communiquent en mer d'une passerelle à l'autre. Ils concernent les marques, la position des poteaux, le choix des barres, le travail au-dessus de la barre pour l'esquive, l'évolution du vent, facteur très perturbant à la perche...

Et le concours avance insensiblement, mais comme toujours lentement au fil des tentatives qui s'enchaînent, des concurrents qui perdent pied et de ceux qui voient grandir leur motivation. On attend que se dessine un dernier carré : Tully-Bell-Vigneron-Quinon.

Earl Bell et Thierry Vigneron sont deux «méthodiques» qui se programment au millimètre sur un schéma parfaitement ordonné. Mike Tully et Pierre Quinon – Pierre plus que Mike – sont deux instinctifs capables de coups d'audace inattendus. Pierre n'a pas défini une stratégie préconçue. Il a un côté kamikaze, dans le saut comme dans le comportement durant le concours. C'est sa très grande force. S'adapter à une circonstance nouvelle et dans l'urgence, avec une petite part d'inconscience mais aussi de génie.

Thierry Vigneron et Earl Bell conduisent leur parcours, sans le savoir, en suivant le même protocole, la même sûreté aussi impressionnante tels deux frères siamois : 5,40 m, 5,50 m, 5,60 m tous deux, chaque fois au premier essai. Pour eux, c'est le concours parfait… avant de passer aux choses plus sérieuses. Comment d'ailleurs ne pas songer, à ce moment-là, que Thierry Vigneron, dans une forme éclatante, est capable de s'envoler vers le titre suprême ? Eh bien non ! Soudain, alors que le vent a tourné et souffle un peu plus fort, Thierry cale à 5,70 m contre toute attente. Et Earl Bell connaît le même sort. Trois échecs à 5,70 m.

«Sur ses trois essais, regrette Alain Ripoll, le conseiller particulier de Thierry, il est clairement au-dessus de la barre, mais retombe dessus… J'ai remarqué que dans sa course d'élan il a les épaules en arrière. Signe qu'il doute. Il est perturbé psychologiquement par le vent de face. Oui, il s'est laissé envahir par le doute !»

Mais entre-temps, Pierre Quinon et Mike Tully ont joué au chat et à la souris, dans une sorte de face-à-face singulier qui va rebondir sans qu'on le pressente encore sur un final au couteau. Certes, ils ont commencé leur concours sur la même barre : 5,45 m. Mais Pierre a déjà connu un raté inquiétant. Il n'est passé qu'au deuxième essai seulement. C'est à partir de là que Pierre va mener magistralement une bataille psychologique assez insensée et de nature à déstabiliser les deux ténors américains… mais aussi, peut-être, Thierry Vigneron.

Pierre s'est posé un emplâtre sur la cuisse gauche. Serait-il encore diminué par sa récente blessure ? Se sent-il de ce fait vulnérable et donc décidé à tenter le moins de sauts possibles ? Quoi qu'il en soit, il demande sans complexe directement 5,65 m, soit 20 cm de plus que sa première barre. S'il réussit, il prendrait provisoirement la tête du concours.

Mais Pierre rate son premier essai. Sur ses trois premiers sauts depuis le début de son concours, il en a tout de même raté deux ! Mauvais signe ? Eh bien non ! Pierre ne semble pas le moins du monde ennuyé. Il observe Tully qui rate également son premier essai et annonce tranquillement aux juges qu'il réserve ses deux dernières tentatives... pour la barre supérieure à 5,70 m ! Drôlement culotté ! Tully semble surpris, sinon décontenancé. Il choisit prudemment de retenter les 5,65 m... qu'il ne passe qu'au troisième essai. Il peut perdre des points sur ce fléchissement.

Et voilà Pierre face à la barre à 5,70 m. Pierre sait fort bien qu'il joue déjà le podium sur ce coup audacieux. Il a peut-être déjà aussi en tête une autre impertinence. Dans le stade, le speaker attire maintenant de plus en plus l'attention des spectateurs sur la perche. Tout se focalise sur Tully et Bell follement encouragés par leurs supporters. Le match franco-américain est totalement engagé. Quatre candidats aux médailles. Mais à 5,70 m, ils se présentent à trois : Quinon, Bell et Vigneron. Cette fois, c'est Tully qui a tenté le coup de poker. Il préfère attendre 5,75 m.

Oui, mais voilà : coup d'éclat de Pierre dès 5,70 m. Il a retrouvé tout son tonus. Premier essai impeccable alors que Thierry et Earl Bell restent en plan. Sur sa lancée, Pierre la joue très finement. Il demande 5,75 m. Désormais le titre olympique se joue entre lui et Mike Tully dont la confiance est immédiatement ébranlée par le choix du Français. Si Pierre passe au premier essai les 5,75 m, il prend la tête du concours au nombre d'essais. Complètement dérouté, l'Américain réalise qu'il devra obligatoirement tenter alors 5,80 m.

Mais Pierre n'a plus peur de rien. Il est prêt à faire le show. Il a déjà tout fait pour anéantir ses rivaux. Il n'a plus qu'à porter le coup suprême. Il est maintenant perche posée sur l'épaule et impassible en bout de piste. On lit dans son regard sa volonté farouche d'asséner le coup fatal. Sa vitesse d'élan paraît folle. Le voici arc-bouté sur la perche et qui s'envole magnifiquement dans les airs en une parabole limpide et prodigieuse. La barre est effacée magistralement. Il révélera plus tard qu'il a failli la toucher avec le menton ! De retour au sol, Pierre projette ses deux bras et laisse éclater son bonheur. L'attaque a été foudroyante. Sur le moment il le pense réellement : «Je suis sans doute champion olympique !»

Cris de joie dans le camp français sur les gradins. Fol espoir.

Mike Tully, bouche bée, est dérouté. Parfaitement acculé. Il lui faut donc réussir les 5,80 m s'il veut décrocher l'or !

Mais les conditions ont effectivement changé depuis quelque temps avec le vent de face. Pierre Quinon a su habilement éviter le traquenard. Pour ne pas être déconcentré il n'avait pas participé au conciliabule avec les officiels en début de concours pour décider de l'orientation à prendre pour les sauts. Maintenant il s'est allongé à plat ventre sur la pelouse. Il ne veut rien voir. Il prie sans doute. Mais il entend la foule rugir. Le vacarme est même assourdissant tandis que Mike

Tully s'élance en bout de piste. L'Américain est littéralement porté par les 90 000 spectateurs du stade. Mais son pari est devenu fragile. On le sent crispé, presque mentalement anéanti. Et effectivement, il n'y arrive pas. Sa dernière tentative est même pathétique. Il a attendu le dernier moment pour s'élancer. Il n'y croit plus. Il passe directement en bout de course sur le matelas de réception sans même sauter après avoir jeté sa perche, de dépit. Immense déception du public. Mike se tient la cuisse. Il est dévasté.

Pierre au même moment s'est agenouillé et tout chavire dans sa tête. Il pense à tous les siens, à sa mère, son père, à sa jeune sœur, sa petite amie Caroline qu'il va revoir au plus vite. Puis il saute de joie. Perrin, le «groupe-captain», a brandi le bras, plié «façon Popeye», en signe de victoire, et tout le clan français exulte avec lui dans les gradins. Le soleil olympique s'est enfin levé sur la perche française après bien des déboires. Pierre est champion olympique ! Le premier Français de l'Histoire couronné à la perche aux jeux Olympiques. Le huitième athlète français médaillé d'or, toutes disciplines confondues, succédant à Guy Drut, vainqueur à Montréal sur 110 m haies en 1976 et qu'on a croisé aux abords du stade en compagnie de Jacques Chirac, alors maire de Paris…

Le soleil couchant envoie maintenant ses derniers rayons sur les pastels du Coliseum baigné par une douce couleur dorée. Les sunlights ont été allumés pour la cérémonie du podium qui rassemble exceptionnellement le quatuor vedette de la finale. Scène insolite dans le couloir où ont été rassemblés Pierre, Thierry et les deux Américains dans l'attente de rejoindre le podium. Pierre et Thierry éprouvent le besoin de fumer une cigarette pour se détendre. Tully et Bell d'abord surpris leur demandent aussi «please» une cigarette !

Dehors, l'atmosphère est moite. Les flashs crépitent. Bientôt *La Marseillaise* retentit. L'émotion se lit sur le visage lisse et pur de Pierre qui rayonne de bonheur, tourne et retourne amoureusement dans sa main la médaille d'or. Mike Tully le félicite avec beaucoup de fair-play. Thierry Vigneron, médaille de bronze, sourit de bon cœur. Il est manifestement ravi de sa troisième place. Seul Earl Bell, regard sombre, semble le plus marqué par ce qu'il considère sans doute comme un échec...

La messe est dite. Tout s'achève sur le triomphe tricolore même si Thierry Vigneron a dit : «Pierre était aujourd'hui le plus fort de nous tous. J'aurais aimé être deuxième pour que notre victoire soit encore plus complète. Mais nous sommes tous deux sur le podium et on attendait cela depuis des années.»

Pierre Quinon avec beaucoup d'humilité dira, quant à lui : «Nous tenons enfin notre revanche. J'ai joué gros. En franchissant 5,70 m avant les 5,75 m j'ai eu de nouveau mal à la cuisse. Et puis je n'étais sûr de rien quand Tully s'est attaqué à 5,80 m... même si le vent tourbillonnant rendait son pari assez improbable. Il était quand même sur cette barre au niveau de son record américain (5,82 m). Très difficile pour lui. Pour ma part, j'avoue que je n'ai jamais eu peur de perdre. Je n'avais que l'envie de gagner !»

Une soirée exquise se profile maintenant après le cool retour nocturne vers Beverly Hills. Pierre a connu une ascension irrésistible en deux ans. Il est comblé. Aux anges... à Los Angeles, la «ville des Anges». Au paradis pour tout dire. Place à la fête. Et en arrivant au milieu des projecteurs : une haie d'honneur avec des perches.

Le moment est venu de jouer et de rire avec les lumières de la nuit hollywoodienne à Beverly Hills. C'est Noël au cœur de l'été californien, l'heure de bien rigoler. Oui, place à cette première «soirée des oscars» euphorique. Pierre et Thierry sans se prendre pour des stars sont entourés par tous les amis qui ont pu accourir pour cette dernière séquence d'un film qu'on ne rejouera pas deux fois... mais qui courra tout de même sur deux soirées folles.

Alors pluie d'éloges dithyrambiques. Champagne pour tout le monde. On s'embrasse. On chante. On danse. Certains plongent même tout habillés directement dans la piscine comme Thierry Vigneron en s'élançant depuis l'étage de la villa. Une première nuit déjà bien décoiffante. Elle s'achèvera à 6 heures du matin après un dîner improvisé offert par un restaurateur ami sur Sunset Boulevard.

La deuxième soirée sera tout aussi arrosée le lendemain à Beverly Hills où le petit clan français verra passer encore quelques notoriétés du voisinage, les amis... et Claude Chirac. Une nuée d'amis, de journalistes a fondu comme un vol d'hirondelles vers la villa du comte de Montaigu qui n'est plus une citadelle imprenable, et où Patrick Abada et Philippe Sivillon jouent les maîtres de cérémonie. Ce sont deux jours de fièvre et d'agitation incontrôlée. D'interviews multiples. De tournages télé vers Sunset Boulevard et Santa Monica. De séances photos dans des voitures de luxe avec les photographes de Gamma… Ivresse du succès et doux parfum de gloire, un brin people…

Pierre en a également profité pour passer voir en vitesse son ami vendeur de belles et anciennes voitures de luxe. Banco ! Il fera transporter par bateau la vieille Oldsmobile rouge modèle 1954, achetée au meilleur prix, comme promis. Pierre ira même la chercher lui-même aux Pays-Bas peu après son retour en France.

Puis, après ces deux jours de frénésie, clap de fin, préparation du retour des héros vers la mère patrie. Pierre s'est senti tout à coup complètement chamboulé au milieu de ce tourbillon à la fois magique, enivrant, haletant, finalement éreintant. Comment retrouver le calme ? Il essaie de comprendre. Il déclarera un peu plus tard dans *L'Équipe Magazine* : « Dès que l'on s'aperçoit qu'on est champion olympique, on vit un moment de bonheur intense, inimaginable… mais terriblement court. Ces cinq ou dix secondes de bonheur, c'est vraiment quelque chose !… Une médaille quand on la passe autour du cou, ça pèse un certain poids. Un poids psychologique. Avant, j'étais Pierre Quinon, un point c'est tout. Maintenant, on attend tout de moi. Et moi je veux rester Pierre. Donc, ma vie ne sera pas différente, car je ne le veux pas ! »

Il n'y aura pas davantage « d'empire Quinon » modèle Bubka dans les cartons. Pierre relèvera seulement quelques nouveaux défis mais en étant toujours en règle avec son idéal, sa conscience.

Le soir même de son retour à Paris, il va d'ailleurs inviter, dans sa maisonnette de Colombes, l'ami Philippe Houvion et sa jeune femme Laurence, pour un dîner de réflexion. À bâtons rompus :

«Il essayait surtout de comprendre ce qui lui arrivait, raconte Philippe Houvion. Nous avions lié une solide amitié depuis quelques années. Il aimait prendre conseil auprès de moi. Il m'avait même prêté un jour de l'argent pour acheter une voiture. Il avait une totale confiance en moi. Bref : il se posait une foule de questions. Il était comme perdu face aux lendemains. Il cherchait le sens qu'il fallait donner à sa victoire olympique, au rôle qu'il devrait assumer… et dont il cernait mal le contour. Et puis je me souviens de cette question stupéfiante : "Philippe : tu te rends compte, qu'est-ce que je peux représenter moi avec ma responsabilité de champion olympique quand on voit que tous les jours des centaines d'enfants meurent de faim au Sahel ?" »

Pierre repousse les offres de *Paris-Match* comme celles de Michel Drucker en vue d'un *Champs-Élysées* à la rentrée. Il ne voulait pas se lancer dans le circuit des grands meetings qui se profilaient. Il veut voir ses parents, à Salaise, son ami Éric Neyvoz, à La Baule, et faire de la planche à voile, du surf et de la moto en vacances avec Caroline au Lavandou…

Le 26 août, Pierre Quinon est cependant à Cologne pour une sorte de baroud d'honneur, histoire de fêter une dernière fois, au cœur de l'été, sa belle médaille d'or olympique : victoire avec 5,70 m devant les «olympiens» américains Bell et Lytle. Il est question de lui pour le meeting de Paris, le 4 septembre. L'affaire semble-t-il tourne mal pour une question de prime «globale» négociée par Patrick Abada avec l'organisateur Raymond Lorre. Pierre fait passer un communiqué à l'AFP :

«Je suis entamé nerveusement et physiquement par tout ce que j'ai vécu. J'arrête ma saison. Mais la vie continue...»

Entre-temps Thierry Vigneron, lui, s'est focalisé sur le meeting de Rome du 31 août. Furieux «face-à-face» avec Bubka auquel assiste Alain Lunzenfichter. Thierry s'est emparé audacieusement du record du monde avec 5,91 m au deuxième essai. Sergueï Bubka a répliqué dix minutes après avec 5,94 m au premier essai... profitant d'une certaine mansuétude des juges, car il dépassait largement le temps réglementaire pour sa tentative. N'empêche : le «killer instinct» de Bubka fait de plus en plus peur !

13

BUBKA, L'AIGLE IMPÉRIAL

«Quand le vent s'est mis à tourner en URSS, j'ai pu retrouver totalement ma fierté d'Ukrainien... et la liberté. Mes exploits faisaient déjà de moi un citoyen du monde!»

SERGUEÏ BUBKA

Sestrières, 31 juillet 1994, dix ans presque jour pour jour après le sacre de Pierre Quinon à Los Angeles. Dix ans de règne absolu de Sergueï Bubka. Dix ans pour mieux comprendre l'ampleur du phénomène...

Ce jour-là, à Sestrières, un soleil éclatant inonde le site incomparable de la «Voie Lactée», haut lieu touristique du Piémont, près de la frontière française. Ici, l'été venu, la nature est comme un miroir du ciel dans la belle luminosité qui enveloppe ce coin de paradis.

Depuis plus d'un demi-siècle, Sestrières est le royaume de la Fiat et de la famille Agnelli. Elle avait voulu en faire une station chic façon Saint-Moritz ou Davos. Mais dans les années 1990, on ne se contente plus d'y accueillir seulement comme autrefois les stars du cinéma telles Liz Taylor ou Audrey Hepburn. L'élite du ski mondial avec les cracks du «cirque blanc» a été conviée à son tour régulièrement. Place maintenant à l'athlétisme. Le sport roi des jeux Olympiques fascine depuis longtemps Gianni Agnelli, le président de la Fiat et de la Juventus de Turin, grand fan déjà, on le sait, de football et de course automobile. Ainsi, chaque été, champions olympiques, recordmen et recordwomen du monde sont-ils invités à un meeting de haute volée, très prisé surtout des sprinters, hurdlers et sauteurs, y compris les perchistes.

À 2 035 m d'altitude, les athlètes, en effet, se laissent gagner par l'euphorie ambiante. L'air est raréfié, ce qui favorise l'exploit comme aux JO de Mexico. Ben Johnson (en 1988… avant Séoul), Carl Lewis, Mike Powell, Michael Johnson, Colin Jackson, Kevin Young, Sergueï Bubka, Ivan Pedroso, Jackie Joyner-Kersee, Heike Drechsler, Merlene Ottey, Gail Devers et tant d'autres, ont souvent été ravis de venir se poser tout là-haut. Très excitant de venir fouler l'anneau synthétique orangé et les sautoirs d'un stade aussi charmant, au pied du ciel. Certains même comme Carl Lewis n'hésitent pas à s'y rendre en hélicoptère privé. Il suffit d'atterrir comme les people pendant les sports d'hiver deux heures avant le meeting pour repartir deux heures après !

Sestrières se met réellement en quatre pour accueillir et choyer les plus grandes vedettes de l'athlétisme mondial logées dans ces curieux hôtels anciens à forme cylindrique. Véhiculés en voitures de maîtres, souvent couverts de cadeaux, ils sont aussi royalement récompensés en dollars pour leur simple participation sans parler des primes pour les podiums et celles accordées selon le niveau des performances comme dans les autres grands meetings européens…

Mais en ce 31 juillet 1994, un événement doublement choc et même assez surréaliste va se produire sur la grande scène du premier des sports olympiques si longtemps entravé dans sa marche en avant par la sacro-sainte règle olympique de l'amateurisme. Halte-là : le King de la perche est là ! Oui, sieur Bubka. L'homme qui a donné le vertige et mis au tapis tous ses rivaux entre 1983 et 1986. Bubka, maintenant, crève l'écran. Grandiose dans son rôle. D'une année à l'autre en survoltage, voire en « survoltige ». Sa notoriété a fait le tour du monde. Champion hors norme, il a bataillé ferme avant de dénicher la recette magique pour atteindre une destinée différente de celle offerte, dans sa jeunesse, aux humbles citoyens du petit peuple de l'URSS.

Sestrières, en tout cas, a vu grand pour célébrer, dans son écrin de verdure et entre deux collines envahies par un public de vacanciers bon enfant, la présence d'une telle personnalité. Sur la pelouse et à proximité immédiate du sautoir de la perche trône, en effet, un authentique joyau dont le rouge éclatant rutile sous un soleil lui-même insolent. Objet du désir : la Ferrari Spider d'une valeur estimée de nos jours à 220 000 euros… Sergueï en rêve depuis longtemps. Tout comme ses deux garçonnets Vitalyi, 9 ans, et Sergueï junior, 7 ans. Va-t-il décrocher la lune? «Je ferai le maximum», leur a-t-il promis.

Alors, remplis d'espoir, avec leur mère Lilia, ils ont accompagné leur père. La règle du jeu est toute simple. L'athlète qui le premier battra à Sestrières un record du monde lors de cette sixième édition du meeting, recevra sur place les clés de la somptueuse Ferrari. Il pourra repartir avec!

Et cela n'a pas fait un pli! Sur le coup de 15 heures, le tour était joué! Après un one-man-show absolument fantastique, Sergueï Bubka, une fois de plus, s'est senti des ailes. Il a décroché le gros lot : 5,70 m au deuxième essai, puis 5,90 m et 6,14 m au premier essai. Merci pour la Ferrari et vive le 35e record du monde de sa carrière (17 en plein air, 18 en salle). Quatre sauts ont suffi! Il est passé 8 à 10 cm au-dessus de la barre à 6,14 m. De quoi lui donner des regrets plus tard. On ne peut réaliser sur le moment que la date sera doublement historique. Sergueï Bubka, «le maître de l'univers», vient tout simplement, sans le savoir, de tirer un trait sur sa série impressionnante de records du monde. Il a pris vingt ans d'avance sur son époque. Il a banalisé les sauts à plus de 5,90 m et même 6 m. Il va pouvoir guetter maintenant pendant vingt ans l'apparition d'un éventuel successeur.

Sur le moment, à Sestrières, belle euphorie et turbulence autour du sautoir envahi par de jeunes supporters, chasseurs d'autographes et une noria de photographes. Journaux et agences de presse avaient délégué leurs «big guns» pressentant l'exploit sympathique et aussi très «people» pour les magazines. C'est alors que la Ferrari est avancée doucement vers Sergueï. Il jubile. Peu avant lui, Mike Powell a bien failli battre son record du monde à la longueur ! Il l'a seulement égalé avec 8,95 m (devant Lewis 8,73 m) avant d'apprendre que la performance n'était pas homologable : trop de vent 3,9 m/s ! Beau joueur, l'Américain est venu féliciter Bubka. Il lance avec sa malice habituelle : «Chapeau Sergueï, tu vas rouler en Ferrari maintenant. Moi, je vais pouvoir rentrer à la maison… à vélo !»

Près de la Ferrari justement accourent les deux bambins Bubka en jeans gris et chemisettes rayées. Ils sautent de joie en s'installant triomphalement sur la banquette arrière. Lilia, la blonde épouse de Sergueï, le feu aux joues, les observe discrètement, un peu à l'écart. Lui, radieux, a pris place au volant. Impérial, il lève le pouce devant les photographes et fait rugir avec délice les 350 ch du puissant moteur… Ah Sestrières : inoubliable souvenir !

Mais attention : en 1994, Sergueï Bubka est déjà âgé de 30 ans. Il a simplement voulu s'offrir un «petit plaisir». Un cadeau qui vaut son pesant de dollars et s'imposera à jamais comme un événement marquant de sa vie immortalisé dans l'album de famille.

On réalise en effet toute la portée symbolique et très significative de la situation. Sergueï, ex-sujet soviétique, a fièrement porté pendant des années sur tous les stades du monde un maillot rouge orné de l'emblème de la faucille et du marteau d'un régime totalitaire. Il a connu dans sa jeunesse une vie modeste avant toutes ses prouesses sportives. Il a d'abord été le prestigieux porte-fanion d'un pays où la population circulait en masse à pied dans toutes les rues des villes… en regardant passer les voitures noires des apparatchiks. Il a tracé sa voie et inventé son histoire. Et le voilà qui roule en Ferrari, au grand plaisir de tous les témoins et de sa petite famille. Magie d'une trajectoire de cet «enfant de l'Est» devenu par la grâce du sport l'athlète le plus haut de la planète mais aussi l'un des champions les plus riches. On estime déjà à l'époque que ses gains mensuels sont équivalents à ceux d'une star internationale du football.

«Dès l'âge de 11 ans, quand j'ai débuté en athlétisme, le sport a été tout dans ma vie», a-t-il affirmé. Depuis 1983, il a universellement conquis tous les cœurs. Pas évident au départ. Notamment lors de ses premières apparitions de l'autre côté du rideau de fer, au début des années 1980. Il a déploré qu'on ne le regarde pas toujours aimablement mais plutôt comme «un émissaire de Moscou». En Europe de l'Ouest. Mais surtout aux États-Unis. Devant sa démonstration de force, ses premiers records, la presse US l'a même comparé à «Monsieur Muscle», une sorte de «King Kong rouge» prétendant s'installer au sommet de l'Empire State Building pour mieux dominer le monde.

En dix ans, les temps ont bien changé pour celui qui a porté trois maillots dans sa carrière : celui de l'URSS, pendant douze ans, puis très brièvement de la CEI (Communauté des États indépendants de l'ex-URSS) et enfin de l'Ukraine, son pays natal, à partir de 1992. Sans parler de ses équipementiers : Nike son sponsor privé ayant succédé à Adidas, l'équipementier officiel de l'URSS.

Pendant des années, quand il a escaladé l'échelle des records mondiaux, souvent centimètre par centimètre – ce qui fut «très dur chaque fois», a-t-il toujours précisé –, il a bénéficié des mannes financières des organisateurs de meetings et de ses sponsors. Mais il a dû aussi se soumettre au diktat du Comité supérieur du sport soviétique : environ 80 % de ses gains étaient ainsi ponctionnés. Et puis, bien conseillé par l'organisateur du grand meeting de Zurich, Alois Brügger, il a su habilement s'organiser «clandestinement» à un moment donné. Il a ainsi placé une bonne partie de son «trésor de guerre» dans les banques suisses ! Sergueï Bubka s'est aussi attaché, dès 1986, les services d'un ami polonais Andrzej Kulikowski (et de sa femme Paivi) d'abord manager chargé d'organiser ses déplacements, puis agent pour négocier ses contrats.

Surprise : pas d'objection notable du côté du Kremlin qui l'a fait héros de l'Union soviétique en 1989 avec l'Ordre de Lénine, au nom «des services exceptionnels rendus à l'État». Superbe ambassadeur du sport soviétique, il est devenu pour l'URSS une icône admirable et intouchable. Pas gênant en fait. Il ne dit jamais un mot de trop sur le collectivisme d'État, l'évolution de la guerre froide, ou le sort des déportés politiques. Il gère sa carrière sportive. Il est transparent. Il ne dit rien. Quant à la suite, elle viendra plus tard...

Mais quelques idées tournent déjà dans la tête de Bubka. Il a trop apprécié sa vie de grand voyageur dans les pays occidentaux où il a découvert avec envie ce «nouveau monde» honni chez lui car capitaliste, mais tellement plus confortable que le sien, à Donetsk, à 10 km de sa ville natale Lougansk.

Finalement, le seul véritable désagrément, on le confirme, il l'a connu au tout début de ses premiers déplacements hors de l'URSS et principalement aux États-Unis au cours de l'hiver 1984. À peine six mois donc après son premier titre mondial acquis à la surprise générale à Helsinki, en 1983... à 19 ans. Tellement surpris lui-même qu'il avait oublié de se rendre à l'obligatoire conférence de presse des médaillés !

Encore totalement endoctriné par l'anti-américanisme qui sévissait en URSS, Sergueï est donc venu discrètement, au pied des gratte-ciel, défier, dès 1984, avant les JO, tous les cracks de la perche américaine et en particulier Billy Olson le «roi de l'indoor». Il n'était pas mécontent déjà de lui avoir chipé la maîtrise des airs, juste avant de venir, avec ses tout premiers records du monde (en salle) le 15 janvier 1984, 5,81 m à Vilnius, puis le 1er février 1984, 5,82 m à Milan. Mais le 10 février 1984, débarqué à Inglewood (près de Los Angeles) pour un troisième record en salle avec 5,83 m, il évolua dans une ambiance assez hostile. Raison majeure : il supplantait l'idole nationale Billy Olson... et se plaignait des conditions techniques de l'organisation américaine. Autre motif : les Américains avaient boudé les Jeux de Moscou 1980 et le boycott soviétique pour les JO de Los Angeles 1984 se dessinait lentement mais sûrement...

Revenu au Madison Square Garden, le 28 février 1986, pour battre avec 5,95 m le record du monde en salle – concours où Pierre Quinon finit quatrième avec 5,50 m –, titillé par les journalistes new-yorkais, il n'a pas eu peur d'allumer ses interlocuteurs : «Je dédie ce record à l'ouverture du 27e Congrès du Parti communiste... et à maman pour son anniversaire !» Message sans doute habilement suggéré par les autorités moscovites.

En revanche, il se sent progressivement beaucoup plus à l'aise en France, en Italie, en Allemagne, en Suisse, en

Grande-Bretagne... Et il pioche sérieusement son anglais pour soigner son image de marque et retourner au besoin son image négative chez les Anglo-Saxons.

«J'ai aussi appris à serrer les mains, à ne pas m'isoler tout en sachant que certains pouvaient m'aimer, d'autres non», confiera-t-il un jour à Françoise Inizan de *L'Équipe Magazine*. Il a acquis une confiance inébranlable tout en développant son intellect par la lecture :

«Lire, dit-il, donne de la force, de la confiance en soi. Comme à la perche où l'important est de savoir utiliser sa force physique et psychologique. D'ailleurs, avant de tenter une barre, je ne la regarde jamais. Cette force est contenue par tout perchiste et la taille de chacun importe peu.» Il fera référence alors à Philippe Collet et plus tard à Renaud Lavillenie.

L'étape cruciale de sa vie sportive et privée va intervenir en fait à l'approche de l'éclatement de l'empire soviétique en 1991, année marquée par l'arrivée des chars sur la place Rouge, tandis que Gorbatchev est mis en résidence surveillée puis arrêté.

Je garde le souvenir marquant d'une confidence de Sergueï. Soir de gala de l'IAAF au Sporting de Monaco, fin novembre 1989, à l'heure du cocktail précédant le dîner. On y fête, comme chaque année, les meilleurs athlètes mondiaux sous la présidence du prince Albert de Monaco et du président de l'IAAF Primo Nebiolo, avec tous les hauts dirigeants nationaux et internationaux. La situation est devenue très précaire du côté de l'Union soviétique : le mur de Berlin est tombé le 9 novembre. Sergueï Bubka est très inquiet. Bien qu'Ukrainien de naissance, il reste en effet le champion numéro 1... de l'URSS. Il s'est apparemment très bien accommodé de l'arrivée au pouvoir en 1985 – année des 6 m à Paris – du très consensuel Gorbatchev qui a mis en place sa politique de perestroïka et glasnost. Sergueï, fils d'un officier de l'Armée rouge (mais de mère russe), imprégné forcément dans sa prime jeunesse de l'idéologie marxiste-léniniste, s'est laissé gagner doucement, au fil de ses voyages et de ses rencontres, par une antipathie croissante à l'égard du dogme soviétique. Il a glissé jeune homme vers des idées nettement plus socio-libérales. Il n'a jamais été, semble-t-il, étroitement surveillé par le KGB comme l'étoile du patinage de la RDA, Katarina Witt, par la Stasi. Grâce au sport, sûrement, il ne s'est pas réellement senti étouffé par le système. Mais fin 1989, la situation se complique en URSS, totalement déstabilisée par la crise économique et sociale. L'effondrement du bloc de l'Est est proche. Sergueï, très perturbé mais déjà organisé, me confie à mots feutrés le soir du gala IAAF, à Monaco : «Je dois tout au système éducatif et sportif de l'URSS et ma reconnaissance est totale. Il m'a permis de me hisser au plus haut niveau mondial. J'ai bénéficié d'une aide formidable dès que j'ai quitté, adolescent, Lougansk (Vorochilovgrad) et ma famille afin de rejoindre Donetsk, avec mon frère Vassili, et le centre national d'entraînement des perchistes dirigé par Viktor Petrov. Je me sentais bien dans les compétitions nationales. J'appréciais d'être sélectionné en équipe nationale. Je ne me posais pas trop de questions sur le plan de la vie sociale et politique en URSS. Je voulais essentiellement développer mes capacités physiques, soigner mon approche psychologique de la haute compétition afin d'atteindre le haut niveau.

Le plus haut possible. Devenir finalement le meilleur perchiste du monde dans le cadre où j'évoluais. C'est bien cela qui importait pour moi.»

Mais voyant que tout se met à basculer et que l'Histoire s'apprête à faire souffler une grosse tempête sur l'empire soviétique, Bubka ne peut réprimer cette attirance progressive pour l'ouest de l'Europe et son oasis de liberté. Il veut protéger sa famille. N'a-t-il pas été finalement lui-même un symbole de l'évolution du régime ? Il se dit prêt à aider Berlin, qui l'a sollicité pour sa campagne de candidature à l'organisation des jeux Olympiques de l'an 2000. «Je n'ai plus qu'une obsession en tête, me dit-il alors, mettre à l'abri ma famille au cas où cela tournerait mal en Union soviétique et par voie de conséquence en Ukraine. C'est mon devoir de père. La priorité des priorités. Je ne cache pas que j'ai de plus en plus peur devant la tournure des événements.»

J'ai alors tout compris à travers ses propos mesurés et sincères. Sergueï a déjà tellement bourlingué de l'autre côté du rideau de fer qu'il se sent prêt à endosser l'étiquette de «citoyen du monde». Il souhaite devenir libre de ses actes. Un perchiste sans frontières donc ! Celui que les Américains ont aussi surnommé à un moment «le Soviet suprême» envisage clairement de s'expatrier mais en conservant toutes ses attaches avec son Ukraine natale. Plus rien ne le lie fondamentalement à l'URSS et à cette Russie dont il parle obligatoirement la langue depuis son enfance. L'explosion semble si proche maintenant...

Tout va ensuite se précipiter. Sergueï vient se fixer quelque temps à Berlin en 1991 avec sa famille. Version officielle : il honore son contrat pour la promotion de la candidature olympique allemande… Il a déjà en fait la tête ailleurs. C'est bien la France que Sergueï Bubka aime par-dessus tout. Monaco lui tend les bras. Il possède déjà un appartement en Principauté. Bientôt Sergueï achètera un vieux moulin à Èze Village qu'il va rénover. Il rentrera dans son garage les deux Mercedes gagnées au Mondial 1993 à Stuttgart puis au Mondial 1995, à Göteborg. Il dispose encore d'un box pour le 4×4 afin d'installer ses perches et se rendre à l'entraînement au stade Louis-II. Un autre pour garer la Ferrari de Sestrières.

Il est le «tsar de la perche», écrit-on dans tous les journaux. Le rapprochement est facile avec l'aigle à deux têtes, blason des tsars et de la «grande et sainte Russie». Sur le blason, l'aigle tient dans ses griffes le sceptre du pouvoir avec la sphère qui pourrait être celle du monde. Tel un aigle impérial, Bubka n'a-t-il pas plané lui-même de très haut comme un aigle royal aux deux visages, tourné vers l'Est de par ses origines et maintenant vers l'Ouest où les cieux sont plus cléments ? Un aigle dominateur. Il a laminé les ambitions de tous ses rivaux à commencer par les Américains et les Français.

Avec les Français, ce ne fut pas à proprement parler une guerre ouverte. Juste un peu de tension au début quand Bubka ne parlait à personne, ignorait et semblait mépriser ses adversaires, tout en s'emparant impunément des premières places, des titres et des records. D'où cette première réaction agacée de Jean-Claude Perrin, voyant «l'homme de Donetsk» débarquer comme un imposteur dans le jardin tricolore pour y mettre le feu aux poudres : «Celui-là, il ressemble à un agent double envoyé par le KGB pour torpiller tous nos projets !» lança-t-il un jour en sonnant le tocsin.

La boutade pourrait paraître aujourd'hui fort déplacée. Elle est directement liée au contexte politique de l'époque. Le risque d'un affrontement Est-Ouest s'était accru après l'invasion de l'Afghanistan puis le déploiement en janvier 1983 des fameuses fusées Pershing 2, en RFA. L'année 1983 correspond curieusement aussi à celle du premier sacre mondial de Bubka à Helsinki qui a décontenancé les perchistes français.

Au début, Bubka, il est vrai, ne fait pas d'effort au plan de la communication et du relationnel. Il est extrêmement secret et distant. Toujours flanqué de son petit entraîneur génial aux yeux vifs, Viktor Petrov, l'homme de confiance. Autorité bienveillante, plutôt jovial, Petrov est capable de bredouiller quelques mots d'anglais. Il fait office de porte-parole. L'évolution de la personnalité de Sergueï Bubka va être ensuite stupéfiante au fil des mois et des années. Il prend une autre carrure internationale tout en jouant à saute-mouton sur les tablettes des records. Il est devenu invulnérable, indétrônable. Et métamorphosé. Toujours grand amateur de psychologie, il a fréquenté Rudolf Zagainov, le conseiller de Kasparov, mais bientôt cherchera l'inspiration dans certains ouvrages américains comme ceux de Carnegie. On découvre quelqu'un d'intelligent et bien éduqué. Il est disponible, courtois, beaucoup plus communicatif. Il s'exprime dans un anglais convenable et même déjà un peu en français. Lors de ses passages à Paris, il n'hésite pas à faire un saut à la rédaction de *L'Équipe* pour nous rencontrer avec un plaisir évident.

Au début, en 1983, Pierre Quinon, comme Thierry Vigneron et les autres perchistes français, n'ont pas cru à la déflagration qui se préparait : «Je trouve au départ sa technique vraiment très fruste, reconnaît Pierre Quinon, en 1985, lors d'une interview avec Patrick Glanz dans *L'Équipe*. Il est tout en puissance. On sent qu'il peut prendre des perches très dures et du levier. Son équation est alors : puissance + levier + grosse perche. Aux jeux Olympiques de Los Angeles, précise Pierre, il n'est pas là et ronge son frein. En 1985, il met la machine en route pour nous prendre de vitesse avec les 6 m. Et là on réalise bien qu'à l'équation initiale il faut ajouter, vu sa progression, la technique. Il apparaissait à l'origine un peu méprisant avec nous. De notre côté, on a un peu tardé à reconnaître son immense talent. Il est devenu le numéro 1 mondial. À partir de ce moment, je me suis dit : il ne faut plus le lâcher. Mais je vois bien qu'il s'estime supérieur à tout le monde. D'ailleurs l'expérience prouve que lorsqu'il a un adversaire sur sa route, il trouve toujours les moyens de le repousser.»

Il l'a donc démontré immédiatement après les JO de Los Angeles lors du fameux mano a mano au Golden Gala de Rome, le 31 août 1984 avec Thierry Vigneron : Bubka franchit 5,94 m ! Explosion dans le stade olympique de Rome. C'est une deuxième gifle pour les tricolores après le record du monde asséné déjà quelques semaines auparavant, le 2 juin sur le sol français, à Saint-Denis : 5,88 m. Ce record succédant lui-même aux 5,85 m de Bratislava le 26 mai, qui avaient effacé une première fois déjà Thierry Vigneron des tablettes (5,83 m). En définitive, pour se consoler de son absence aux JO de Los Angeles : Bubka a aligné trois records en salle l'hiver, et quatre records du monde en plein air l'été, en comptant les 5,90 m de Londres, le 13 juillet. Celui-là n'était qu'un clin d'œil – réclamé par le Kremlin ? – peu avant l'ouverture des JO !

Dès 1984, le « syndrome Bubka » a donc pris de plein fouet les perchistes français. Au cours de l'été 1985, seul Pierre Quinon parviendra à le battre lors du meeting de Cologne, le 25 août avec un saut à 5,80 m. En pleine forme, Pierre avait franchi quelques jours plus tôt 5,90 m à Nice (derrière Bubka, 5,95 m). Ce nouveau record personnel lui valut aussi la deuxième place au bilan mondial de l'année 1985... derrière Bubka et ses 6 m de Paris.

« Il a prouvé un an après mon titre olympique de Los Angeles, qu'il nous était supérieur, admettra Pierre, mais c'est aussi notre droit de ne pas l'accepter ainsi. Personnellement je ne renonce pas ! »

Et Bubka, que pense-t-il alors de cette suprématie acquise au nez et à la barbe des perchistes français : « Contrairement à ce qui a pu être dit au début, non seulement j'aime la France, mais Thierry Vigneron, Pierre Quinon et Philippe Collet sont devenus mes copains, confie-t-il en fin d'année 1985 pour notre *Livre d'or de l'Athlétisme* (Solar). Je n'étais pas à Los Angeles mais franchement j'ai été content que Pierre soit champion olympique et Thierry médaillé de bronze. Sacré pari car je pensais que les perchistes américains seraient imbattables chez eux. Pierre a gagné. Pas totalement une surprise pour moi car c'est un compétiteur-né. Il se réserve pour quelques rendez-vous seulement et là il devient redoutable comme à Nice au Nikaia quand il a passé 5,90 m. Je tiens à lui rendre hommage car Pierre, aujourd'hui, possède un avantage sur moi, je le confesse. Je suis peut-être devenu le premier perchiste à 6 m mais lui est champion olympique... et pour ça, franchement, je l'envie.»

De fait, Sergueï Bubka, auteur dans sa carrière de quarante-trois sauts à 6 m et plus (sans oublier les 6,15 m en salle du 21 février 1993 à Donetsk), ne deviendra champion olympique qu'une seule fois. Un peu à la sauvette d'ailleurs. Il succède à Pierre Quinon, quatre ans plus tard aux JO de Séoul, en 1988 : 5,90 m au troisième essai. Il aura finalement connu beaucoup de mésaventures olympiques. En 1984, à Los Angeles : boycott soviétique. En 1992, à Barcelone : défaillance technique. En 1996, à Atlanta : blessé au pied. En 2000, à Sydney : fin de carrière, éliminé aux qualifications !

«Mes six titres de champion du monde n'ont fait que compenser partiellement une réelle frustration ressentie vis-à-vis des jeux Olympiques», reconnaîtra-t-il.

Son plus joli coup en revanche : les premiers 6 m à Paris. Une barre mythique et historique survolée au stade Jean-Bouin, le 13 juillet 1985. Elle fera dire à Pierre Quinon : «Je l'en croyais capable. Je voulais relever ce défi avant lui. Pour moi, c'est un rêve qui s'écroule.»

Une histoire cocasse que celle des 6 m à Paris à Jean-Bouin pour le meeting BNP du Stade Français. Il se déroulait trois jours seulement avant le Nikaia à Nice où Sergueï était officiellement attendu pour croiser le fer avec Quinon et Vigneron. En provenance de Moscou, il avait juste prévu une brève escale à Orly avant de rejoindre Nice directement. Mais un émissaire envoyé par l'organisateur Raymond Lorre et le sponsor du meeting Alain Heilles (BNP) l'a convaincu de faire le détour par Jean-Bouin. Voyage express en taxi d'Orly vers la porte d'Auteuil. Il s'est mis au plus vite en tenue. Longue séance de relaxation, allongé sur la pelouse. Sérieux échauffement. Et, à 18 h 44 : l'exploit total ! Il a effacé les 6 m à son troisième essai et crié sa joie : « Je dédie ce record à mon fils Vitalyi qui est né il y a quatre jours. Je suis franchement ravi de battre ce très grand record en France car, ici, je me sens bien. »

Pierre Quinon et Thierry Vigneron, devant leur télé, sont, eux, subjugués de voir que Bubka les a bel et bien « grillés » dans la course aux 6 m. À Nice, l'organisateur Robert Bertojo pouvait fulminer à juste titre, devinant que les organisateurs parisiens avaient dû mettre le prix pour s'offrir un Bubka à 6 m ! Mais les Niçois n'ont pas tout perdu, heureusement. Trois jours après, très gros coup d'éclat au Nikaia : Steve Cram et Saïd Aouita ont franchi la fameuse barre mythique des 3'30 au 1 500 m ! Quant à Bubka il est parvenu à museler de justesse Pierre Quinon : 5,95 m contre 5,90 m.

Bubka, déjà en 1985, semble de toute façon solidement installé sur son Olympe. Indomptable, il est en route pour un règne long d'une bonne dizaine d'années jusqu'aux Jeux d'Atlanta en 1996 où va triompher Jean Galfione. Pendant ce concours olympique en Grèce, une grosse alerte a lieu pour Sergueï, un vent mauvais se met à souffler. Le géant de la discipline, accablé par une inflammation violente (jusqu'au sang) du tendon d'Achille, est resté cloué au sol. Impossible de tenter une barre à 5,40 m aux qualifications. Premier drame et premier signe douloureux d'une vulnérabilité annoncée. L'opération en Finlande, l'hiver venu, par le Dr Ilka Koulitura, le sauve. Héroïque, il reprendra le titre mondial, le 10 août 1997 à Athènes, avec une barre à 6,01 m et franchira même 6,05 m, peu après, le 13 septembre à Fukuoka. Ce sera son dernier voyage au royaume des 6 m. La nouvelle génération piaffe depuis quelque temps. En première ligne, on trouve Jean Galfione et Romain Mesnil côté français, mais aussi Okkert Brits (AfS), Rodion Gatauline (Russie), Maxime Tarassov (Russie), Dimitri Markov (Blr-Austr). Sergueï va essayer tant bien que mal de prolonger encore quelque temps la fête. Puis ce sont de bien modestes adieux aux JO de Sydney en 2000. Clap de fin. Il a 37 ans.

Nouveaux horizons, nouvel homme, parfait gentleman. Futur vice-président de l'IAAF, membre du CIO, membre du Parlement et conseiller spécial du président ukrainien, il affiche désormais le look tranquille et serein d'un homme d'affaires très élégant, particulièrement actif et d'un père de famille paisible et épanoui. Donetsk reste son port d'attache où s'élève devant le gymnase de ses débuts une statue géante à son effigie. Après tant d'années de règne absolu, le seigneur de la perche qui se décrivait lui-même comme «un bâtisseur de châteaux» a tiré sans regret le pont-levis devant celui qu'il possède du côté de Monaco. Y dorment maintenant tous ses trophées et des médailles abandonnées... Quant aux jeunes et fougueux chevaliers visant la succession ils vont pouvoir s'escrimer et se lancer vaillamment à l'assaut d'une forteresse apparemment imprenable. Bubka a perché si haut sa légende !

14

Sur la route du Madison

« Champion olympique à 22 ans : quelle histoire ! C'était perturbant pour moi. Tout champion olympique étant un bien précieux pour une nation, il faudrait tout de suite penser à l'aider. »

Pierre Quinon

Samedi 1er mars 1986. Une petite brume légère et printanière enveloppe le cœur de Manhattan qui s'éveille comme chaque matin dans le chant un peu lancinant des sirènes des voitures de police et se laisse aussi bercer par le va-et-vient familier des « yellow cabs » sur la 7e Avenue. La grande fête annuelle des championnats indoor US, sous la voûte étoilée du fameux Madison Square Garden et devant 18 000 spectateurs, s'est achevée au milieu de la nuit sur un nouvel exploit de Sergueï Bubka : septième record du monde en salle avec 5,95 m.

Au Penta Hotel – qui reprendra en 1992 son appellation d'origine des années 1920 «Pennsylvania» – juste en face du Madison, c'est l'heure du breakfast dans une agréable petite salle aménagée au «ground floor» près du célèbre Café Rouge. Ici, Duke Ellington, Glenn Miller et Jimmy Hendricks régalaient autrefois leurs fans. Les serveuses en tenue bleu ciel, petit tablier blanc, virevoltent autour des tables rondes pour proposer café chaud ou thé. Odeur de toasts grillés, ambiance feutrée et cool des petits matins à l'heure des croissants chauds comme dans tous les grands hôtels du monde entier. J'attends Pierre...

Au lendemain de la soirée magique au Madison – quel spectacle coloré ! – il nous a fixé rendez-vous à 8 h 30. Pierre s'est un peu rassuré. Il a achevé sur une note relativement honorable une tournée américaine assez décevante : quatrième avec 5,60 m derrière Sergueï Bubka, 5,95 m, Vassili Bubka (le frère), 5,75 m... et Philippe Collet, 5,70 m, qui pointe de plus en plus le nez. Fiasco complet en revanche pour Billy Olson (pourtant 5,93 m le 8 février !) et les perchistes US !

Le moment est donc venu pour Pierre de dresser son bilan après un séjour de deux mois et demi aux États-Unis et d'évoquer surtout ses grands projets pour l'été. Une aubaine : Pierre et Jean-Claude Perrin ne prennent leur avion, à Kennedy Airport, qu'en fin d'après-midi. Nous avons tout loisir de discuter à bâtons rompus... et de lever éventuellement quelques doutes.

Mais avec Pierre ce type de conversation n'est jamais très évident. Instinctivement, il aime aller sérieusement au fond des choses tout en se laissant emporter par cette pudeur naturelle à ne pas trop se dévoiler. Parfois il lâche quelques propos ambigus, des allusions qui trahissent un trouble, une lassitude qui se lit dans son regard bleu où se glisse souvent un voile léger de mélancolie. Mais déjà on saisit toute la pertinence de propos en fait sans équivoque...

Alors Pierre est arrivé de fort belle humeur. Blue-jean bleu foncé, chemisette bleu clair. Bientôt rejoint par Jean-Claude Perrin. Son été 1985 a soulevé déjà quelques interrogations. Relativement peu de compétitions. Aucune apparition sous le maillot de l'équipe de France. Ni Coupe d'Europe, à Moscou ni Coupe du monde, à Canberra. Et aux championnats de France, à Colombes, où Philippe Collet a soufflé la politesse à Thierry Vigneron avec 5,75 m contre 5,70 m, Pierre n'a pas pu franchir 5,20 m ! *Track and Field News*, le grand magazine spécialisé américain, l'a cependant et très justement classé numéro 2 mondial de l'année, à la perche, derrière Sergueï Bubka. Pas de cocorico avec l'équipe de France, certes, mais quelques belles sorties en meetings au cours de l'été après deux sorties américaines à San José et Eugene à 5,60 m. Le 8 juin, aux championnats des clubs à Londres, il réussit 5,80 m et termine premier. Le 10 juillet, à Lausanne, il atteint la deuxième place à 5,60 m, puis à 5,90 m derrière Bubka à Nice, le 16 juillet. Il enchaîne par un 0 à 5,20 m aux championnats de France le 21 juillet, mais finit premier à Londres le 2 août avec un saut à 5,60 m. Cinq jours plus tard, il rétrograde d'un cran à Viareggio, même s'il gagne 5 cm à 5,65 m. Le 21 août, nouveau podium à Zurich avec 5,70 m. Quatre jours plus tard, il remporte le concours (5,80 m) alors que Bubka ne se classe «que» quatrième (5,65 m). Le 7 septembre, à Rome, il efface une barre à 5,70 m et termine troisième.

Pierre, un an après son exploit olympique, n'a peut-être pas été le parfait ambassadeur tant attendu par tout le milieu de l'athlétisme français… mais il a tenté de répliquer à «Jupiter» Bubka au meeting de Paris-BNP à Jean-Bouin ! Trois jours après l'exploit, il a tout de même brillamment porté à 5,90 m (derrière Bubka 5,95 m) son record personnel au Nikaia : 8 cm de mieux. Il a manqué d'un cheveu 5,92 m à Londres le 2 août. Puis… il a été le seul de l'été à devancer Bubka le 25 août, lors du meeting de Cologne.

En fin d'année 1984, Pierre avait déjà évoqué la perspective des 6 m et le formidable enjeu d'une course lancée furieusement avec Bubka vers cet objectif. Pierre avait initialement confié : «À Los Angeles, au lendemain de mon titre olympique, quand la tête me tournait encore, j'ai tenté d'envisager l'avenir sereinement et positivement. J'avais atteint mon rêve. Quel sens pouvais-je désormais donner à la suite de ma carrière, sinon me focaliser sur les 6 m. J'avais cette conviction : l'athlète qui le premier franchira les 6 m sera un homme en parfait accord avec son art et professionnel dans l'âme.»

Cet homme au profil si judicieusement dessiné a donc été… Sergueï Bubka !

Et Pierre a admis très vite la pure logique de cette ascension : «Il a trop souffert de n'avoir pu disputer les JO de Los Angeles. Il voulait en finir au plus vite avec les 6 m qui nous faisaient tous rêver. Il s'est lancé à corps perdu dans cette aventure. Il en avait les moyens. Il nous a pris de vitesse. Et nous on s'est demandé si finalement il ne nous était pas largement supérieur.»

Mais ce sont d'autres préoccupations qui ont envahi l'esprit de Pierre Quinon, dès 1985. Il nous en fait part immédiatement en cette matinée new-yorkaise de début mars 1986, fort révélatrice au moment de tirer le rideau sur son périple hivernal américain. Une date très symbolique pèse déjà, sans qu'on le sache, sur sa destinée de champion olympique.

Pierre vient en effet d'aligner six meetings en salle sur le sol américain en ce début d'année 1986, dont les résultats sont mémorables. Le 17 janvier à Los Angeles, il bute à sa première barre, 5,50 m, tout comme à Dallas quinze jours plus tard. Le 14 février, il décolle à New York jusqu'à 5,72 m et termine troisième. À Rosemont et Inglewood, les 16 et 21 février, il signe à nouveau deux 0 en échouant dès 5,50 m. Enfin, aux championnats US de New York le 28 février, il reste au pied du podium avec 5,60 m.

Plus que ses quatre «zéros» malencontreux, la date à retenir est celle du 14 février 1986, avec son meilleur saut : 5,72 m. Peut-on imaginer alors que pour la dernière fois de sa carrière, et seulement vingt mois après son fabuleux succès olympique à Los Angeles, Pierre a franchi une barre à plus de 5,70 m ! Bien sûr, il ne le sait pas encore lui-même. Il se montre simplement déçu par une série d'échecs qui l'ont un peu ébranlé. La longue conversation avec lui en ce 1er mars 1986 au Penta Hotel de New York souligne une sorte de désenchantement plus général. Et on s'interroge : la «success story» n'est-elle pas sur le point de se déliter insensiblement ?

Pierre, très calmement, mais de manière inattendue, porte en effet un nouveau regard à contre-courant sur le sens à donner à son «casse» trop parfait des JO 1984 et à ses retombées. Un déclic s'est-il produit en lui au cours de l'hiver? Être champion olympique serait-il désormais à ses yeux un privilège très contraignant?

Voici l'aveu qu'il me fait spontanément en présence de Jean-Claude Perrin, assez décontenancé lui-même, mais qui reste coi : «Cette tournée d'indoor aux États-Unis, je l'ai en grande partie ratée. De toute évidence, je n'ai pas été à la hauteur de ma réputation. Pas digne de mon statut de champion olympique. Est-ce si important? Il s'agissait seulement d'indoor après tout! ET QUI SUIS-JE RÉELLEMENT? UN CHAMPION OLYMPIQUE? Mais qu'est-ce que cela signifie au juste d'être aujourd'hui champion olympique en France? Tout commence par une grande excitation médiatique à vous donner le tournis. La presse, les radios et la télé sont à vos trousses. Des centaines de lettres ou de télégrammes affluent chez vous pendant quinze jours. Les hommages certes sympathiques mais souvent d'une grande naïveté s'accumulent. Et au bout du compte, personne pour venir vous proposer quelque chose de concret susceptible d'assurer socialement votre avenir.

«Un an après mon titre olympique, j'ai eu pour tout dire la sensation de me retrouver bien seul. En revanche, j'ai rapidement pris conscience d'une évidence : si par malheur et compte tenu de ma célébrité, je ne suis pas à la hauteur des prouesses qu'on attend de moi, j'aurai droit, assurément, à une avalanche de critiques... Alors non : je ne me sens investi d'aucune mission sacrée à caractère national. Pour la simple raison qu'en France, une médaille d'or olympique n'aura jamais qu'une valeur relative. Totalement dépendante, bien sûr, de l'exploitation que l'athlète couronné a l'intention d'en faire. Personnellement j'ai compris assez vite qu'il aurait fallu m'investir dans des activités nouvelles et visibles. Cela ne me convenait absolument pas de me fabriquer une image. Forcer ma nature, parader ? Sûrement pas ! »

Pierre va alors plus loin dans sa révélation : « Après les Jeux de Los Angeles, c'est vrai, je n'avais plus trop envie d'enchaîner les meetings, comme beaucoup d'athlètes couronnés aux JO. Cela ne m'intéressait pas d'exploiter et de rentabiliser cette médaille d'or. J'ai voulu prendre du recul. Partir en vacances. J'ai refusé la plupart des sollicitations. Au fond de moi-même il y avait une logique dans ma réussite. Pourquoi pavoiser ? Rien de mirifique et encore moins de miraculeux. Je me sentais très fort à l'approche des Jeux. J'avais réussi 5,80 m à Lausanne, le 10 juillet, et frôlé le record du monde à 5,90 m. Il me fallait juste rester prudent à cause d'un point de contracture. Mais, dans ma tête, j'étais très costaud et la manière dont j'ai conduit ma stratégie pour neutraliser les Américains l'a bien démontré. Une fois les lampions éteints, quand je me suis retrouvé en tête-à-tête avec moi-même, j'avoue que j'ai pris peur. On voulait faire de moi un leader. Cela ne m'intéressait pas. J'avais été encensé au-delà de l'imaginable et tout le monde voulait s'associer à ma victoire. Personnellement, j'estimais que ce succès n'appartenait qu'à moi, à mon père qui m'avait formé, aux miens et à mes entraîneurs, et bien sûr Jean-Claude Perrin qui a cru immédiatement en mes capacités. Oui, il me fallait réfléchir… »

L'écouter s'exprimer avec cette douceur faussement parfaite semble alors un peu surréaliste pour un journaliste dont l'intention sur le moment n'est pas de sonder l'âme d'un champion olympique en pleine remise en question mais d'être attentif plutôt à ses nouveaux projets.

Mais voilà, Pierre s'est livré spontanément. Comme pour une mise au point. Il tient des propos désabusés et surprenants. Il est clairement désenchanté. Comment expliquer cette soudaine décompression psychologique ? La volonté réaliste de son image, de n'être dupe de rien et d'apparaître comme un antihéros qui refuse de s'affranchir d'un destin olympique à ses yeux trop clinquant ?

Impuissance ressentie peut-être face à un avenir rendu improbable, car Bubka occupe désormais toute la place ? Le séjour de deux mois et demi de Pierre aux États-Unis, à Los Angeles, avec Philippe Sivillon et le copain américain Dave Kenworthy, n'a-t-il pas été motivé après tout par le but essentiel de «faire du muscle» pour tenter de contester la puissance visiblement colossale du Soviétique ? Pierre Quinon est semble-t-il en proie à une forte incertitude face à l'avenir : que pourra-t-il réaliser maintenant de plus retentissant que son coup d'éclat à LA ?

Le choc de cette interview a été brutal et le cri du cœur de Pierre à la fois révélateur et troublant. Suffisamment pour que l'article rédigé dans *L'Équipe* du 5 mars 1986, au retour de New York, titré «Quinon en comptes bloqués», ne restitue, par prudence, que très partiellement le contenu d'un entretien défaitiste. Pierre n'est plus aussi serein et conquérant. Son titre olympique serait-il devenu un fardeau ? Visiblement il se cherche. Il a clairement une relation complexe et destructive avec sa notoriété. Mais il est si jeune. Tout juste 24 ans ! Ce serait prématuré et bien malvenu de se laisser guider par une sorte d'intuition. Mais les événements vont bientôt se précipiter et conforter en partie celle-ci…

15
Les ailes brisées

«Je ne suis plus rien. Tout est à refaire.
J'ai voulu aller trop vite. Cela n'a pas tenu.
J'assume. Je crois encore en moi!»

Pierre Quinon

«Je sais fort bien que je n'arriverai jamais à retrouver ma joie de vivre si je ne récupère pas d'abord ma joie de sauter!»

Pouvait-on imaginer qu'à peine plus de deux ans après son coup d'éclat des Jeux de Los Angeles, Pierre Quinon laisserait échapper un jour cette sentence loin d'être anodine? Elle est justifiée par des circonstances particulières… Pierre s'apprête en effet à fêter ses 25 ans et il évoque, pour la première fois, «cette nécessaire lucidité qui lui permet d'entrevoir que tout pourrait mal tourner et que cela risquerait d'aller plus vite que prévu». Il semble quelque peu désemparé...

Cet éclair de réalisme est surprenant dans la bouche d'un garçon qui, en règle générale, évite de tout dramatiser et distille ses mots en laissant pointer volontairement une ironie légère. Pierre s'est en effet toujours défini comme un «combattant, amateur de sensations fortes, n'ayant pas froid aux yeux». Jamais comme un défaitiste. La vie, selon lui, doit être vécue parfois même «avec excès». Le sport de haute compétition répond à cette exigence personnelle de savoir vivre aussi dans l'exceptionnel. Parfois même au-delà...

«J'aime aller au bout et vers l'extrême, assure-t-il un jour à notre confrère de France Inter, Christian Bindner! J'ai connu, plus jeune, pas mal de galères car j'étais du genre chien fou. J'ai dû canaliser mes pulsions et je me suis assagi... sans pour autant renier ma vraie nature. La perche était en tout cas la discipline me correspondant parfaitement.»

Alain Ripoll, l'entraîneur de Vigneron, souligne à cet égard que Pierre possède un petit côté James Dean pour sa volonté de vivre à 100 à l'heure, en prenant parfois tous les risques, et un petit côté Boris Vian pour sa quête permanente de repères, un certain anticonformisme, le besoin absolu de donner un sens à sa vie. Sur ce dernier point, il ne peut viser plus juste car l'un des auteurs préférés de Pierre à l'époque n'est autre que Boris Vian, l'écrivain existentialiste de la Rive gauche, grand amateur de jazz et de voitures anciennes.

Mais, soudain, les événements se précipitent en 1986, après une entame peu brillante en indoor aux USA et quelques interrogations existentielles.

Les ennuis se sont ensuite accumulés au cours de l'été 1986 alors que Pierre s'était mis en tête de relever le défi lancé l'été précédent par Sergueï Bubka avec les 6 m de Jean-Bouin. S'il ne parlait pas de guerre ouverte, du moins entendait-il poursuivre la lutte... jusqu'aux limites du possible. Et puis il se tourmente un peu plus maintenant à propos de l'ampleur de son propre exploit accompli aux JO en l'absence de Bubka.

Mais a-t-il choisi la bonne méthode en s'engageant sur le terrain un peu scabreux de la musculation pour engager une «épreuve de force» avec le Soviétique?

«Erreur fatale!» affirme aujourd'hui Georges Martin qui, après les Jeux de Los Angeles, est parti se fixer à Saint-Georges-sur-Loire, près de La Pommeraye et d'Angers, où il occupe alors un nouveau poste de professeur d'EPS. Il s'est éloigné à la fois du Racing mais aussi très provisoirement de Pierre.

«À l'époque, explique Georges Martin, Pierre n'a absolument pas la même morphologie ni le même style que Bubka. Pierre est surtout un explosif qui profite d'une course d'élan très fluide avant de tordre sa perche. Il mise beaucoup sur sa vitesse et ce style n'appartient qu'à lui. Faire du Bubka grâce à la musculation était à mon avis une terrible erreur. Il aurait très bien pu passer 6 m sans cette orientation à mes yeux néfaste pour lui. Je le lui ai dit d'ailleurs a posteriori quand, un an après mon départ en Anjou, il est venu me rendre visite. Pour moi tout était clair en le voyant courir plus bas qu'avant. C'était surtout flagrant au retour de sa tournée américaine en salle, assez décevante, au début de l'année 1986, et dès l'ouverture de la saison estivale. Pierre n'avait plus cette vitesse, cette agressivité qui caractérisaient, à l'origine, sa marque de fabrique.» Soudain son potentiel physique va se dégrader. Tout va s'enchaîner à la suite d'un incident a priori anodin…

Au même moment, la perche française est en train de connaître une fameuse mutation. Patrick Abada prend du recul. Thierry Vigneron est plus décidé que jamais à aller au combat. Il est resté sur sa faim avec le bronze olympique. On observe aussi l'apparition prometteuse de Philippe d'Encausse, le fils d'Hervé, l'ancien recordman d'Europe. Plus inattendue, la progression de Ferenc Salbert, Hongrois d'origine, marié à une Française de Perpignan et qui a opté pour la nationalité tricolore. Mais, dans l'immédiat, c'est la percée foudroyante d'un «lutin» (1,77 m, 76 kg) du côté de Grenoble qui retient le plus l'attention. Il n'a pas froid aux yeux, «Pilou» alias Philippe Collet. Il est entraîné par son père, Jacques Collet, qui se flatte aussi d'être l'animateur jovial et efficace d'un club de province, l'ASPTT Grenoble, en mesure de rivaliser brillamment avec les grandes citadelles parisiennes.

Philippe Collet a remporté tous les titres possibles dans les jeunes catégories : cadets, juniors, espoirs. L'année 1985 l'a propulsé sur la scène internationale après son titre de champion de France seniors avec 5,75 m, devant tous les ténors du Racing et Philippe Houvion. C'est du sérieux !

Philippe Collet a alors 22 ans. Plein d'ambition, c'est un jeune homme, très ouvert, intelligent, qui a de l'esprit et un caractère bien trempé. Dès 1985, il a été vice-champion du monde universitaire, deuxième de la Coupe d'Europe et deuxième de la Coupe du monde avec l'équipe d'Europe à Canberra… chaque fois derrière un certain Bubka. Il a aussi passé 5,80 m à Viareggio. Le célèbre magazine américain *Track and Field News*, dans ses classements annuels, l'a d'ailleurs fait entrer dans le «Top Ten» mondial de la perche (10e). En 1986, il va grimper à la troisième place après avoir porté notamment son record personnel à 5,85 m au meeting BNP de Paris, et empoché la médaille de bronze aux championnats d'Europe à Stuttgart avec 5,75 m derrière les frères Sergueï et Vassili Bubka.

Grâce à cette médaille, gagnée à Stuttgart la veille du titre et du record d'Europe de Stéphane Caristan au 110 m haies, Philippe a ainsi sauvé crânement l'honneur de la perche française dans un concours interrompu près d'une heure par la pluie.

Celle-ci a noyé malencontreusement les chances de Thierry Vigneron, finalement non classé. Oui, encore une fois Thierry est passé à côté de l'essentiel... alors que peu avant, il avait gagné le meeting BNP de Paris (devant Collet) avec un royal 5,90 m et même une tentative à 6,02 m contre le nouveau record du monde de Bubka à 6,01 m (8 juillet, lors des Goodwill Games à Moscou). Un centimètre de plus donc pour Bubka, en attendant mieux. Jean-Claude Perrin, nullement découragé, a estimé que la bataille était loin d'être perdue : «Bubka essaie encore de s'échapper... mais on peut essayer de le rattraper par le maillot !» plaisante-t-il alors.

C'est aussi l'avis de Thierry Vigneron qui décèle calmement en Bubka une «machine de guerre» froide, terriblement efficace, voire implacable. Il ne se départit pas, en tout cas, de sa bonne philosophie habituelle : «Sergueï appartient à un monde différent, dit-il encore de nos jours, à un pays où le sport est hautement professionnalisé. Moi, à côté de ma passion de la perche, j'ai suivi d'autres priorités pour devenir professeur d'EPS. J'ai tout accepté sur le terrain de la haute compétition : l'euphorie de mes records du monde comme la déception née de certains échecs. Car c'est la loi du sport. Encore plus dans une discipline aussi imprévisible que la perche. Ai-je manqué le titre olympique à Los Angeles ? Non. Définitivement non ! Pierre était pour moi un candidat majeur pour l'or olympique, même avec l'ennui musculaire qu'il avait eu juste avant. Il était vraiment le plus fort de nous tous ce jour-là et il a suivi une stratégie parfaite pour s'imposer. Aucun regret donc. Quant à tenter de résister à l'escalade de Bubka, la réalité s'est imposée d'elle-même en quelques mois... »

En ce qui concerne Pierre Quinon, l'année 1986 va hélas évoluer vers le pire avec une sanction sans appel : il disparaît de la hiérarchie mondiale. C'est le tournant invraisemblable de sa carrière, de son destin de champion, peut-être de sa vie...

Le 2 juillet, lors d'un entraînement classique au parc de l'Ouest à Nice, Pierre a été victime d'un accident assez malencontreux qui paraissait, sur le moment, sans conséquence réelle. Il avait disputé la veille une compétition à Marseille et franchi 5,55 m derrière Philippe Collet, 5,60 m. Il était sélectionné pour un match quadrangulaire France-Italie-Pologne-Espagne à Monaco, la semaine suivante. Le stade de Nice étant un peu son jardin enchanté, Pierre, avant Monaco, était donc ravi de s'entraîner à Nice, plutôt que de remonter sur Paris. Il a toujours aimé ce stade si proche de la « grande bleue » où il a souvent réussi de grandes performances comme ses 5,90 m face à Bubka, un an juste auparavant, le 16 juillet 1985. Il fait beau, en ce 2 juillet 1986 sur le stade du parc de l'Ouest, et une petite brise légère vient de la mer. Pierre trottine sur la pelouse pour un court footing d'échauffement. Et soudain il trébuche et tombe. Il s'est pris le pied dans un trou, dissimulé par l'herbe, servant à fixer les poteaux de football. Ce trou n'avait pas été rebouché. La douleur est assez violente, le diagnostic est immédiat : entorse. Très ennuyeux, car les championnats de France approchent, tout comme ceux d'Europe à Stuttgart, en août.

Quinze jours après, lors des championnats de France espoirs, à Montgeron, Jean-Claude Perrin annonce aux quelques journalistes présents le forfait de Pierre pour Stuttgart : «Pierre ne peut plus poser le pied par terre, précise-t-il. La décision est cruelle. Il doit se soigner. Il renonce aux championnats d'Europe.»

Dès lors, un processus négatif se met en place. Il y a eu en fait un arrachement des ligaments. Mais ce n'est pas tout ! Une deuxième complication ajoute un trouble supplémentaire. Pierre a ressenti dès l'été précédent les prémices d'une tendinite au genou gauche. À l'automne, Pierre va donc consulter le Pr Gérard Saillant à l'hôpital de la Pitié-Salpêtrière. Son diagnostic est formel : opération nécessaire ! Celle-ci est pratiquée le 18 décembre. Au téléphone, Gérard Saillant m'a indiqué : «Trois mois sans entraînement puis reprise légère. Mais normalement Pierre sera opérationnel pour les championnats du monde 1987 à Rome.»

Pierre accepte sans sourciller cette délicate épreuve de patience… Pendant ce temps, Ferenc Salbert qu'entraîne

Maurice Houvion, poursuit une ascension assez stupéfiante. Il est grand (1,90 m) et puissant (80 kg). Dès l'hiver, le 14 mars 1987, il s'empare, lors du premier Masters à Grenoble, du record de France en salle avec 5,90 m (premier essai) et – sous les yeux effarés de Bubka, défaillant ce jour-là à 5,80 m – il tente même 5,96 m (deux essais), puis «pour voir»... 6,05 m (un essai)! Il a frôlé également le podium au premier Mondial en salle à Indianapolis, une semaine avant (4e avec 5,80 m) tandis que Thierry Vigneron a dû subir la loi de Bubka (3e avec 5,80 m, Bell 2e avec 5,80 m) contre 5,86 m au Soviétique. Mais Bubka s'énerve en voyant que les Français repartent à l'assaut. Il réplique, dès le 17 mars à Turin, par un nouveau record du monde en salle avec 5,97 m (son 15e record du monde : 9 en salle, 6 en plein air). Et il déclare : «Attendez : la nouvelle étoile française Ferenc Salbert n'en est pas encore à 6 m. Ne soyez pas si impatients!»

Petit clin d'œil à l'occasion de cette soirée «bubkaïenne» à Turin : Pierre Quinon a effectué une rentrée impromptue et très inattendue. Il est semble-t-il guéri et passe 5,30 m sans forcer. Est-ce bon signe? Hélas non.

Toujours convalescent, Pierre reprend espoir pour l'été 1987. D'autant qu'il s'offre un saut à 5,60 m, au Nikaia, où Collet l'a emporté avec 5,70 m.

«Je me sens mieux, déclare-t-il, mais je sais que la sélection pour le Mondial va être terrible.»

Deux jours après, il dispute le meeting BNP à Jean-Bouin. Mais dès l'échauffement, Pierre s'affaisse. Élongation. Nouvel arrêt. «J'ai commis l'erreur de disputer trois compétitions dans un laps de temps trop rapproché», admet-il.

Bien sûr : impossible d'être rétabli à temps pour les championnats de France à Annecy, décisifs pour la sélection au Mondial 1987 de Rome. Salbert (champion de France), Collet et Vigneron vont réussir 5,70 m. Pierre devra se contenter de suivre les compétitions de Rome à la télé...

Une malédiction... La situation cette fois est d'autant plus catastrophique que Pierre disparaît du paysage médiatique. Il n'est plus dans le viseur des organisateurs de grands meetings européens. Vingt perchistes mondiaux émergent à 5,70 m, les meilleurs à 5,85 m et plus. Le titre olympique s'éloigne et Pierre n'est plus «bankable». Quant à la grande presse française, elle se focalise sur un nouveau trio de pointe : Vigneron-Collet-Salbert. Encore heureux que Pierre puisse conserver la confiance d'Adidas pour préserver un maigre minimum vital. Il vit en couple avec Caroline et un petit garçon est né en janvier 1987, Robin, dont le parrain est l'ami de jeunesse, Éric Neyvoz.

Mais le moral commence à être entamé. D'autant qu'une nouvelle opération, à la cuisse gauche cette fois, a été réalisée le 21 novembre, à Bordeaux, par le Pr Chauveau. Deux années de perdues ! C'est vraiment trop lourd à supporter ! Une petite lueur d'espoir perce encore faiblement en vue de l'année 1988 : la perspective d'aller défendre son titre olympique à Séoul.

«Je crois toujours en moi, dit-il, j'assume courageusement cette situation. Je ne suis pas usé. Certes couvert de cicatrices... mais c'est la loi de la haute compétition. On repousse les limites. On force la machine. Parfois elle casse !»

Il assure aussi : «J'ai connu à Los Angeles cette folie du triomphe. Je ne rêve plus maintenant que de revivre tout cela aux JO de Séoul. Le grand frisson olympique : voilà ce que j'aime, avec le cœur qui bat au pied du perchoir.»

Pierre a organisé sa vie différemment. Il a déniché une petite maison à La Frette-sur-Seine, charmant village en bord de Seine, dit «la perle de l'Oise» juste à côté de Cormeilles-en-Parisis. Là où logeait son coach particulier au Racing, Georges Martin.

Sa passion pour la peinture prend une part de plus en plus importante dans ses pôles d'intérêt. Il aime visiter les musées comme ceux d'Orsay ou de l'Orangerie aux Tuileries. Il raffole surtout des chefs-d'œuvre des grands impressionnistes : Monet, Manet, Renoir, Degas, Sisley... Il flashe toujours autant pour l'élégance des automobiles anciennes et des voitures puissantes. Il a acheté une Alfa Romeo Montréal avec un moteur V8 – comme aux 24 Heures du Mans –, «voiture de rêve, occasion exceptionnelle», dit-il... même si, en la circonstance, il récupère un modèle grandement «désossé» sans pare-brise, ni tableau de bord ni sièges... qu'il retape dans son garage à La Frette-sur-Seine!

«Il a voulu qu'on l'essaie, raconte Georges Martin, son entraîneur au Racing, exilé, après Los Angeles, en Anjou, et venu en visite à La Frette. Il avait installé deux bidons à l'emplacement des sièges! On a fait 2 km sur une route départementale... et la voiture est tombée en panne. Plus d'essence! Rien de grave. Il riait aux éclats. Et on est rentré à pied à la maison!»

Passion toujours intacte donc pour la mécanique, y compris pour les motos, comme au temps où, sur une mini-moto de cross, il faisait un peu le fou en tournant bruyamment sur le parking de Colombes! Car il adore la vitesse

– «elle calme mon agressivité», précise-t-il – au risque de sortir de la route en plein virage comme cela s'est produit sans conséquence, au volant d'une Ford Escort XR3I (type GTI), sur une petite route du côté de chez Georges Martin, à Saint-Georges-sur-Loire.

En fait, tout ce qui est ancien et «rétro» le séduit et il est toujours en quête, également, de nouvelles pièces pour sa collection de lampes du temps passé. Il aime l'Art déco car c'est moderne et innovant mais aussi la simplicité brute des grands espaces, les silences de la nature. Il pose un regard assez désabusé sur le monde en mutation, sur la fragilité et les errances auxquelles le pouvoir conduit, sur le malheur des pauvres gens qui «subissent malgré eux». Bref, il est et reste Pierre Quinon. Égal à lui-même. Un peu déconcertant. Immensément attachant.

Mais comment, sur la scène sportive, va-t-il pouvoir parvenir à refaire surface alors que la roue semble tourner inéluctablement et que le niveau mondial ne cesse de grimper avec la confirmation de deux nouveaux supertalents, le Soviétique Rodion Gatauline et l'Américain Joe Dial, tous deux proches des 6 m? «Parfois j'enrage, dit-il, je prends tout sur moi pour me faire violence et me relancer.»

Mais est-il raisonnable à présent de rêver à un deuxième titre olympique pour effacer tous ces déboires? N'est-ce pas une quête insensée?

«Là, il faut rester sérieux, répond Pierre. Mais si je suis dans les trois tricolores pour Séoul, cela suffira largement à mon bonheur.»

Parmi les trois hélas, il ne sera pas! Car décidément, le sort s'acharne sur lui. Alain Piron, le directeur technique national, conscient de la très mauvaise passe que connaît Pierre, lui a fixé un impératif raisonnable mais incontournable : figurer dans les deux premiers aux championnats de France – Thierry Vigneron étant automatiquement sélectionné – et franchir au minimum 5,70 m.

L'enjeu est clair... mais compliqué. Ferenc Salbert, malheureusement pour lui, est «out». Il a réussi un étonnant saut d'exhibition (non homologable) à Montpellier à 6,02 m, avant de se blesser grièvement au printemps. Une terrible chute, la tête la première dans le butoir, lors d'un entraînement de reprise, alors qu'il était encore affaibli par une récente hépatite virale. Multiples fractures aux bras et aux poignets. Ferenc ne pourra plus jamais reprendre cette formidable escalade qui l'avait propulsé presque au niveau de Bubka... mais il reviendra à 5,70 m les mois suivants. Si Ferenc n'est plus en lice pour Séoul, le jeune prometteur Philippe d'Encausse est à suivre de près. Il a réussi 5,70 m...

Pierre, en tout cas, espère saisir sa chance. Et soudain une éclaircie se produit, à une semaine seulement du rendez-vous capital des championnats de France à Tours. Sur le petit stade bordé de pins de La Teste, dans le bassin d'Arcachon, il passe 5,70 m, le 6 août, et devance Collet et Vigneron ! Un regain d'espoir qui va s'estomper malheureusement très vite lors du rendez-vous national sélectif de Tours. Philippe Collet, le 14 août, est couronné champion de France avec 5,70 m, le jour même où Marie-Jo Pérec, étincelante, s'empare du vieux record de France au 400 m de Nicole Duclos. Philippe d'Encausse a franchi 5,40 m... et Pierre est resté malencontreusement à 5,30 m. Adieu les JO !

«Un quart d'heure avant le concours, Alain Piron, le DTN, et Maurice Houvion, l'entraîneur national, m'avaient confirmé la donne, a expliqué Pierre. Si tu es devant Philippe ou à égalité avec lui, tu pars aux Jeux. Sinon, tu restes. C'était très clair...»

Trois jours après, lors du meeting de Zurich, il est troisième avec 5,60 m... mais trop tard. Les dés sont jetés pour la sélection olympique, d'abord tenue secrète et annoncée officiellement par le CNOSF, le 19 août, et selon la règle, avec l'ensemble de la délégation tricolore. Il n'a pas été tenu compte du résultat de Pierre à Zurich : «hors délai»!

Dans *L'Équipe* du samedi 20 août, en commentant la non-sélection de Pierre, retenu comme «premier remplaçant» – un statut qu'il refuse catégoriquement! – aux côtés des titulaires Vigneron, Collet et d'Encausse, dans un article titré «Quinon : bleu à l'âme», je déplore longuement ce coup du sort si cruel. Pierre au téléphone, très fataliste, m'a confié notamment : «Tout s'est joué sur un coup de dés. C'est la loi du sport. Je m'incline... mais je déplore d'être victime d'un système de sélection qui m'était dès le départ, après mes ennuis de santé, très défavorable.»

Pierre reste humble et même très pudique devant l'injustice de cette malchance de plus en plus insupportable. Il ne renonce pas toutefois pour la suite : «À 26 ans, dit-il, c'est un peu jeune pour vivre de ses souvenirs!»

16

LA VIE DEVANT SOI…

« Trop jeune pour la retraite des dieux.
Trop mûr pour fantasmer. Mais à Bordeaux,
il est bien dans sa nouvelle vie. »

PATRICK GLANZ

« J'étais sur un nuage et je viens de vivre trois années de galères… »

Pierre Quinon, en ce début d'année 1989, cherche à comprendre. Ces trois années 1986-1987-1988 ont semé un trouble qui va laisser des traces profondes. Le ressort est grandement cassé. La confiance vacille. La machine patine. Il ne sait plus très bien quel cap suivre.

Pourtant, Pierre sent toujours vibrer en lui cette passion, cette volonté instinctive d'aller au contact de la compétition et de se faire douce violence. Le sport a toujours été pour lui une école de vie convenant parfaitement à son tempérament de lutteur. Une souffrance néanmoins se développe insidieusement qu'il se refuse à laisser paraître. Curieusement, il parle maintenant des Jeux de Barcelone en 1992 comme «d'une belle perspective sans doute à entretenir». Comme s'il pensait sérieusement que la courbe puisse s'inverser...

«Depuis Los Angeles, il y a eu un amalgame de malheurs, constate-t-il. J'ai essayé de tout déchiffrer. Je crois que je suis un perchiste qui brûle beaucoup d'énergie. Le corps n'a pas tenu.»

Sa famille de cœur reste le Racing et, dans l'immédiat, Perrin son mentor. Mais on sent bien que Pierre cherche à prendre son indépendance et envisage sérieusement de s'éloigner de Paris. Il conserve en plus des attaches très étroites avec son coach particulier, Georges Martin, fixé en Anjou. Ils vont bientôt se retrouver...

Au Racing, il y a eu quelques fausses notes, une réorganisation, et l'ambiance n'est plus celle de «la belle équipe», celle des splendeurs «hollywoodiennes» de Los Angeles. Jean-Claude Perrin, viscéralement attaché au RCF, n'est plus, pour sa part, manager des équipes de France, un poste qui lui avait été confié par le DTN, Alain Piron, en 1986. Le nouveau directeur technique, Serge Bord, ne l'a pas repris dans son encadrement après Séoul 1988. Jean-Claude Perrin nourrit à ce sujet beaucoup d'amertume. Il estime «qu'il a été renvoyé»! Mais son esprit «commando» a déjà largement séduit pas mal d'observateurs venus d'autres sports dans l'Hexagone. Perrin est en effet régulièrement sollicité depuis quelque temps, en dehors de l'athlétisme, sa famille d'origine.

Tout part de Yannick Noah. Dès 1988 il vient fréquemment à Colombes participer à certaines séances de préparation physique de Thierry Vigneron. Perrin a été impressionné par Noah «qui dégage, dit-il, une force physique prodigieuse, et est animé aussi par une incroyable force mentale et intérieure». Capitaine de l'équipe de France, Yannick Noah va attirer Jean-Claude Perrin dans son staff en vue de la fameuse campagne de Coupe Davis et de la victoire historique du 1er décembre 1991 contre les États-Unis (3-1) avec Henri Leconte et Guy Forget. Dès 1992, le ministère des Sports fera même transférer le contrat de Perrin de l'athlétisme… au tennis.

Pierre Quinon, lui, n'attend plus de miracles, mais il est prêt à repartir au combat et à refaire une partie du terrain perdu. Il parle toujours sans colère de ces blessures qui lui ont pourtant gâché la vie : «Je reste un conquérant, affirme-t-il, sauf que désormais mon principal adversaire… c'est moi-même!»

Certes, il n'est plus question de tutoyer Bubka dont l'empire s'étend inexorablement. À l'image des meilleurs perchistes français, ancienne et nouvelle génération, de Thierry Vigneron à Philippe Collet et bientôt Jean Galfione, Pierre sait que désormais, et pour longtemps, il leur faudra tous accepter d'évoluer à l'ombre d'un géant presque invulnérable, même s'il a coincé en 1987, à Stuttgart, et arraché «à l'agonie» son premier (et dernier!) titre olympique à Séoul en 1988. Entre 1986 et 1988, tandis que Pierre déclinait, Bubka, la mine satisfaite, a continué d'atomiser sa discipline. Il s'envole désormais sereinement de record en record. Avec lui, à Séoul, la perche soviétique absente des JO de Los Angeles 1984 a remis les choses en place : triplé Bubka-Gatauline-Yegorov ! Le trio français s'est montré honorable : Vigneron et Collet cinquièmes avec 5,70 m, tandis que Philippe d'Encausse a fort bien tenu son rang : huitième avec 5,60 m.

Ces barres-là, Pierre continue toujours de les convoiter malgré tout... mais il relativise : «Quand on est fort et dans une dynamique de succès, elles sont accessibles mentalement et donc physiquement. Maintenant, après toutes mes blessures, c'est beaucoup plus compliqué. Il faut redoubler d'attention au plan de la rigueur et de la précision. Bref retrouver la confiance.»

Georges Martin, qui l'a vu de temps en temps sur le stade de La Pommeraye, près d'Angers, où Gérard Pasquier (père de Laurence, future madame Richard Dacoury) a aménagé des sautoirs synthétiques, souligne :

«Le doute est en lui : c'est clair ! Ce mal est le pire ennemi des perchistes. Pierre recherche les bonnes sensations, mais il a perdu sa vitesse d'élan et son explosivité.»

Ces premières impressions vont se confirmer lors des entraînements menés ensuite de concert et chaque semaine... à Bordeaux. Oui, c'est bien vers la région bordelaise en effet que Pierre a vogué depuis peu. Une autre vie commence...

En fait, tout s'est précipité, en quelques jours, à l'approche du printemps 1989. Pierre laissait entendre auprès de son entourage qu'il éprouvait soudain une réelle envie de «changer d'air», de quitter la région parisienne, où il a passé sept ans. Et pourquoi ne pas partir avec Caroline, son petit garçon Robin, son chien des Pyrénées «U2», et la fameuse Oldsmobile rouge de LA, vers le Sud-Ouest ? Il apprécie cette région pour son mode de vie, le côté chaleureux des gens, le climat plus doux et aussi... la gastronomie et les bons vins qui tiennent leur place. Il a déjà noué pas mal d'amitiés là-bas, et c'est un ex-coureur du Racing, Pierre Papet, parti lui-même à Bordeaux, qui va le mettre en contact avec le président du Stade Bordelais UC, Alain Bachellerie, responsable d'un cabinet d'experts géomètres. Celui-ci souhaite renforcer son équipe d'athlétisme pour les interclubs.

Tout s'est conclu en un temps record. Alain Bachellerie a de bonnes relations, y compris du côté de la municipalité bordelaise. Jacques Chaban-Delmas, encore maire à l'époque, est aussi un Racingman de cœur (et sous licence). Il a joué régulièrement et brillamment au tennis, s'entraînant à la Croix-Catelan, le site renommé du Racing. Il s'est déclaré en tout cas enchanté par la venue, dans sa cité, de Pierre, un champion qu'il admire hautement, et auquel d'ailleurs il tiendra à remettre les insignes de chevalier de la Légion d'honneur dans son palais Rohan.

Pierre est ainsi venu prendre possession, en location, d'une maison landaise située chemin de Bazanac, à Camblanes, rive droite, par rapport à la Garonne, direction Cadillac et Libourne, à quelques kilomètres seulement de la grande cité bordelaise. Le site est agréable au milieu du vignoble de l'Entre-deux-Mers. De chez lui, il discerne parfaitement les contours de la cité bordelaise. Pierre apprécie clairement de retrouver ici sa vraie nature de provincial. Il est lyonnais d'origine, rappelons-le, et il a passé toute sa jeunesse en Isère. La proximité du bassin d'Arcachon, de Lacanau et de l'océan est d'autant plus appréciable qu'il porte de plus en plus d'intérêt à la voile.

Pierre compte en tout cas beaucoup sur cette évasion réussie vers le Sud-Ouest, pour prendre une grande bouffée d'air pur. La vie familiale est ici très agréable et la naissance de Jean-Baptiste, son deuxième fils, apporte un grand rayon de soleil supplémentaire. Pierre a voulu aussi acheter une maison en pierres, beaucoup plus luxueuse, et plus grande, à deux étages, juste 300 m en dessous de la maison de Bazanac, y consacrant d'importants travaux d'aménagement. Il ne lui reste plus qu'à tenter de retrouver une meilleure stabilité.

Sur le plan professionnel, il a maintenant un vrai job de «public relations» dans une société d'édition et de publicité, EDI 4. Il va enfin pouvoir exploiter ses trois années d'études à l'Institut français de gestion où il a côtoyé et sympathisé avec le champion du monde individuel et olympique (par équipes) à l'épée, Philippe Riboud, Lyonnais comme lui.

Jusqu'alors Pierre n'avait connu que des petits jobs de fortune, notamment avec l'ancien international François Tracanelli. Confronté à de réelles difficultés financières au plan familial, il lui fallait donc trouver une solution viable. Celle que malheureusement les institutions sportives (CNOSF, FFA et Racing) n'ont pu lui prodiguer. «Alain Danet, le président du Racing, m'a bien proposé un emploi pour les jeux Méditerranéens mais il me paraissait peu cohérent, a-t-il expliqué. Il fallait voir ailleurs. Mais quitter le Racing, le club où j'ai grandi et conquis ma médaille olympique, m'a rendu mal à l'aise. J'étais triste aussi pour Jean-Claude Perrin.»

Mais à Bordeaux, la situation s'éclaire maintenant. Et la mairie va bientôt aussi proposer un emploi très convenable à Caroline, dans l'urbanisme. Bref une nouvelle espérance se dessine pour toute la famille.

Patrick Glanz le rencontre début juillet 1989 à Biscarosse pour *L'Équipe Magazine*, peu après son installation. Pierre a rejoint Georges Martin, pour partager quelques jours de «vacances actives». Mais un événement surprise vient de se produire. Pierre non seulement a publiquement annoncé qu'il renonçait au Nikaia, à Nice... mais il tire un trait définitif sur son été athlétique! «Nécessaire prudence», a-t-il précisé. Nouvelle alerte en effet à la cuisse gauche opérée au cours de l'hiver. Il n'est sans doute pas totalement guéri. Il va devoir rester encore sur un bilan annuel des plus modestes : 5,40 m en salle et 5,20 m en plein air. Les beaux jours du sacre olympique à LA s'éloignent de plus en plus...

«Il est bien dans sa nouvelle vie, relate cependant Patrick Glanz en présentation de son reportage. Trop jeune pour la retraite des dieux. Trop mûr pour fantasmer. Il ne sait pas s'il redeviendra un super. Mais l'homme lui s'est retrouvé.»

L'année suivante, 1990, ne va pas lever pour autant les doutes. Pierre réussit 5,50 m lors d'une «soirée Adidas» à Talence, le 30 mai. Mais nouvel échec sur sa première barre, tentée à 5,40 m, lors des championnats de France, l'été venu, à Blois. Il continue de se chercher... mais pas de se désoler. Georges Martin n'a plus besoin d'effectuer ses allers et retours hebdomadaires exténuants entre l'Anjou et l'Aquitaine. Le président du SBUC lui a en effet judicieusement obtenu avec la mairie de Bordeaux un emploi de conseiller territorial et il est détaché pour le SBUC. Le coach note toutefois lors de la reprise d'entraînements plus consistants avec Pierre :

«Il y a une peur en lui qu'il n'exprime pas mais qui est très perceptible. Je le vois heureux et dynamique sur les séances de course, de haies, de musculation. Puis dès qu'il a la perche en mains, il est crispé. Lui-même à un moment se laisse gagner par une certaine angoisse au point d'aller consulter un psychologue. Formel, celui-ci lui a dit : "Vous voyez vraiment la perche trop en noir !" »

Mais Pierre ne lâche pas prise. Sa vie lui semble plus harmonieuse. Un petit événement insolite s'est produit au cours des derniers mois : l'arrivée à Bordeaux... de Thierry Vigneron qui va acheter un magasin d'articles de sports. Thierry et Pierre donc se retrouvent comme aux plus beaux jours de Colombes. La venue du copain du Racing serait-elle de nature à stimuler Pierre ?

Toujours est-il que voici venir l'hiver 1990-1991 porteur d'une saisissante nouvelle. Le 9 février à Bordeaux, sous les couleurs du SBUC, Pierre s'incline de justesse face à Thierry Vigneron (5,60 m), resté fidèle au RCF, et passe 5,55 m. Le 17 février, lors des championnats de France à Liévin, il est un ton en dessous : 5,40 m (6e). Le 20 février, c'est beaucoup mieux : 5,60 m, à Gand. Et le 19 mars, Pierre est invité par Sergueï Bubka à se mesurer avec les cracks mondiaux au Masters de perche de Donetsk, en Ukraine. Et là, coup d'éclat inattendu : Pierre refait complètement surface ! Il est quatrième avec 5,70 m. Enfin une barre digne du haut niveau international ! Il est derrière Bubka, 6,11 m (son 23e record du monde !), Potapovitch 5,81 m et Egorov, 5,75 m. Bien sûr, Pierre est fou de joie. Il relativise pourtant. Bubka, qui selon Jean-Claude Perrin «est en train de tuer la discipline», a tout de même réussi 41 cm de plus que lui !

Est-ce pour Pierre un simple feu de paille ? Une embellie éphémère ? Quatre jours plus tard, lors du Masters de perche de Grenoble, Bubka toujours sur une autre planète a franchi 6,12 m ! Philippe d'Encausse a réussi son record personnel avec 5,72 m (il atteindra 5,75 m en 1993). Pierre lui en est resté à 5,42 m. Forcément déçu, mais aussi réconforté par Bubka qui, amicalement, lui a ramené un samovar de Donetsk.

Hélas, l'été venu ne modifiera guère la donne. Pierre continue de se battre héroïquement... pour franchir 5,30 m. Il devra se satisfaire au mieux d'un correct 5,55 m à Montgeron, le 22 juin. Et pendant ce temps un petit jeune nommé Jean Galfione fête ses 20 ans en effaçant une barre à 5,80 m, le 8 juillet, à Noisy-le-Grand...

Jean Galfione, il le connaît depuis quelque temps. Pour se changer les idées, et se ressourcer notamment auprès de jeunes espoirs, «retrouver l'âme d'un junior», dit-il, Pierre a demandé à Maurice Houvion de l'accueillir de temps en temps à l'INSEP dans un groupe dont Jean Galfione est le fleuron magnifique avec également Gérald Baudouin, Jean-Michel Godard... Pierre «l'instinctif» ne croit plus du tout maintenant, aux vertus de l'entraînement programmé et méthodique. «Une routine oppressante», estime-t-il. Il l'a confié à son coach ami, Georges Martin déconcerté, qui estime ne plus être d'une grande utilité maintenant. Mais ils ne sont pas fâchés. Pierre s'entraîne avec Philippe Dufraisse, ancien perchiste à plus de 5 m. Il monte tous les mois sur Paris, pour s'entraîner avec «la bande à Houvion», et loge chez ses amis William Motti ou Olivier Gui. Il semble rasséréné au contact des espoirs qui voltigent sous ses yeux et s'extasie devant l'un d'eux : «J'ai vu un jeune gars qui prend un levier plus important, une perche plus grosse et qui va plus vite que moi», précise-t-il, à la fois amusé et admiratif.

Mais il ajoute aussi, fataliste : «Pendant ce temps, la presse continue à mon sujet de parler au passé de "Pierre Quinon, l'ex-champion olympique". C'est très dur d'être considéré comme un ancien combattant!»

La découverte de Jean Galfione et la relation spontanée et chaleureuse avec lui ont été cependant pour Pierre une source de vrai réconfort et de bonheur personnel. Il admire le style, le talent déjà exceptionnel du jeune protégé de Maurice Houvion. Jean Galfione fait parler de lui depuis quelque temps déjà. Il a été champion du monde juniors l'année précédente (1990) à Plovdiv. Pour Pierre les contacts avec un jeune champion aussi charmant constituent un formidable et salutaire enrichissement humain. Jean possède à l'évidence une personnalité attirante, attachante, en réalité très comparable à la sienne. Il parle doucement. Il est brillant intellectuellement. Humble. D'une éducation parfaite. Et, détail non négligeable, Jean lui a confié, en toute simplicité, que jeune athlète, il rêvait devant le poster de la victoire olympique de Pierre à Los Angeles qui ornait un mur de sa chambre...

En 1992, Pierre ne sautera pas plus haut que les 5,20 m réussis en salle le 25 janvier à Bordeaux. Adieu les JO de Barcelone où Jean Galfione a effectué, lui, ses premiers pas. Pierre sent poindre la fin de sa carrière qu'il n'annoncera officiellement que début 1993... en confirmant qu'il a trouvé en Jean Galfione son héritier naturel pour les Jeux d'Atlanta en

1996. Cette relève, belle promesse dont il entrevoit la trajectoire magique, lui permet de se projeter maintenant plus sereinement vers un autre avenir. Une vie qu'il ferait totalement sienne, préservant cette liberté vertigineuse qu'il a toujours revendiquée.

17

UNE RÔTISSERIE « OLYMPIQUE »

«Tous ceux qui vont avoir la chance de le côtoyer maintenant verront bien que ce n'est pas la médaille d'or qui donne de la valeur à son regard.»

ÉRIC NEYVOZ

La nouvelle a paru quelque peu extravagante dès qu'elle a commencé à circuler dans les salles de rédaction, au printemps 1993 :

«Pierre Quinon, le champion olympique de la perche en 1984, à Los Angeles, a quitté Bordeaux pour venir s'installer à Hyères. Il est désormais patron d'une rôtisserie sur le parking du centre Leclerc!»

Drôle de terre promise pour un champion de haut vol, au cœur bien accroché, qui n'a plus sa place dans une actualité sportive de plus en plus bouillonnante. Il y avait peut-être autre chose à faire dans le genre «coming out» pour réorienter sa vie. Pour le coup, il change vraiment de planète. Ni Hollywood Boulevard. Ni la Croisette. Il s'est échappé effectivement à un autre bout de la France. Le cadre a priori peu romantique lié à la vision d'un parking de grande surface paraît totalement aux antipodes de sa célébrité. La nouvelle fonction ne colle pas véritablement avec l'image de «l'homme de fer, du combattant de l'absolu» comme le décrivait Jean-Claude Perrin, avec son sens de la formule.

Bien sûr, on imagine tout de suite le clip. Pierre avec son tablier de traiteur et son bon sourire caressant. Pierre oubliant sa fierté olympique, sa médaille d'or, d'ailleurs offerte à son père, le dossard «300» porte-bonheur donné au photographe de Gamma, Hervé Tardy. Pierre surveillant tranquillement les broches de la rôtissoire, la cuisson des poulets et devisant avec ses clients d'une voix toujours aussi douce au phrasé élégant. Au bout du compte : un champion olympique dans l'anonymat le plus complet, parfaitement démythifié!

Certains ont cru d'abord, très franchement, à un canular. Notre excellent confrère, André Halphen, très attaché au monde de l'olympisme, s'est montré en tout cas passablement choqué, évoquant indirectement dans sa gazette de *L'Équipe Magazine* l'ingratitude du pays à l'égard d'un admirable champion dont la France était si fière :

«On peut tout de même s'interroger sur la grande fraternité du monde du sport», écrit-il fort déçu.

Sauf que Hyères est à côté du Lavandou, pays d'origine de Caroline, la femme de Pierre, une ville dont il est d'ailleurs parrain du club d'athlétisme et où il vient de louer un appartement en attendant d'en acheter un autre. C'est bien là que Pierre et Caroline ont connu leurs premiers émois de jeunes amoureux et passé des vacances heureuses. Le Lavandou, comme la petite voisine Bormes-les-Mimosas constituent l'un des coins rêvés de la côte varoise, ancien petit port de pêche charmant devenu une station balnéaire réputée pour ses eaux bleues, son corso fleuri, ses plages de sable fin, ses voiliers, la proximité de Saint-Tropez, et en fond de décor le massif des Maures…

Devant le peu de perspectives professionnelles, à Bordeaux, Pierre avait décidé de toute façon de créer «sa petite entreprise», comme dans la chanson de Bashung. Peu avant, il avait même envisagé de lancer une ligne de vêtements sportifs, comme Killy. Aujourd'hui, cette création personnelle – et «pour son propre compte», dit-il – était donc à saisir du côté d'Hyères. Elle lui convient même parfaitement. Et puis il se moque des apparences. C'est dans sa nature. «Il faut de tout pour faire un monde», rappelle-t-il en plaisantant.

En fait, l'idée est partie de son beau-père qui l'a alerté sur cette opportunité d'achat d'ailleurs réalisable avec un partenaire. Et Pierre a dit banco. Au mépris du qu'en-dira-t-on !

«Après tout, dit-il, comme pour se justifier, j'ai toujours été assez attiré par la cuisine.» N'a-t-il pas déjà en tête, en plus, de fabriquer bientôt, et lui-même, dans son «Tourne-Broche», pâtisseries, quiches et pizzas !

Jean-Michel Bellot, l'ancien ami très proche au Racing, meilleur performer mondial en 1982, ancien journaliste de TF1 et aujourd'hui patron de «JMBellot conseil», pose un regard très lucide sur ce changement de statut :

«Il n'y avait rien de dégradant. Si Pierre avait acheté une deuxième rôtisserie, les gens auraient d'ailleurs dit : "Quelle magnifique réussite!" Et puis il faut se préserver de ce leurre qui consiste à penser que sous prétexte qu'un champion olympique incarne de belles valeurs humaines et a démontré son mental de battant dans la vie, les offres de boulot vont pleuvoir. Pierre l'a constaté très vite, comme beaucoup d'autres, à ses dépens.»

Pour Pierre, en tout cas, la page est donc vraiment tournée. Sans regret. Clap de fin sur sa carrière de perchiste. Inutile de se flageller sur le thème nostalgique du retour escamoté. Pierre s'est libéré enfin de ce carcan. Il a choisi de s'épanouir ailleurs. De connaître une autre épopée beaucoup plus familiale déjà. Avec le vrai bonheur de regarder vivre, jouer, rire et chanter, dans un cadre agréable, au Lavandou, ses deux bambins Robin et Jean-Baptiste, le petit dernier, né il y a peu à Bordeaux. Il a donc renoncé à la cité girondine. Vendu sa dernière maison de Camblanes tandis que celle du chemin Bazanac va être rachetée par l'ami coach, Georges Martin, qui la retapera. Ce ne sont là que des bons choix à ses yeux.

«De toute façon, a dit Jean-Claude Perrin – qui, en 1994, s'apprête à faire un pèlerinage avec sa femme, à Los Angeles, pour fêter le dixième anniversaire du sacre de 1984 –, Pierre a toujours été dans une attitude conforme à ses choix et à ses absolus. Il a toujours refusé de s'installer sur la planète Hollywood. À Hyères, maintenant, il travaille avec sa femme, il voit grandir ses enfants. Je pense qu'il est heureux ainsi. Et si je lui envoie une carte de Los Angeles, il dira : "Perrin, lui, est reparti dans ses rêves, il n'est donc pas calmé !".»

Car Pierre a maintenant tourné le dos à la féerie ancienne de l'athlétisme. Il évite soigneusement d'ailleurs, depuis des mois, de renseigner quiconque sur ses aventures glorieuses vécues sur les stades. Il n'aime pas faire un cas particulier de son histoire sportive. Il n'en parle plus. Il flirte même parfois avec l'autodérision :

«Un jour, dira-t-il plus tard, je croise un inconnu dans une rue d'Hyères qui semble vouloir m'interpeller et s'approche comme pour demander un autographe. Je me dis avec un brin d'émotion : tiens, il a reconnu le champion olympique. Cette personne effectivement m'arrête et me pose une question : "C'est bien vous, monsieur, qui tenez la rôtisserie sur le parking ?".»

Mais il racontera également, une autre fois à son ami Alain Behm, qu'en accueillant un client du «Tourne-Broche» dont le visage lui semblait familier, il a pris de lui-même l'initiative inverse... car le client en question ne l'avait pas reconnu :

«Mais n'êtes-vous pas Daniel Morelon, l'ancien champion olympique cycliste de vitesse sur piste ?» Et les deux champions complices sont partis dans un grand éclat de rire quand Pierre a révélé que «lui aussi était monté un jour sur la plus haute marche du podium» avant d'évoquer quelques souvenirs savoureux. Daniel Morelon était à l'époque responsable du pôle d'entraînement national cycliste créé par la FFC à Hyères doté d'un vélodrome flambant neuf, où se sont entraînés notamment Laurent Gané et Félicia Ballanger.

Si Pierre ne brandit pas, à tout bout de champ, sa carte de visite de champion olympique, l'attachement à son sport, à la perche française, reste en tout cas intact. Il continue d'entretenir des liens très forts avec ses copains de l'athlétisme comme ses amis de jeunesse Éric Neyvoz, William Motti, Olivier Gui... Certes la patrouille de France, aux couleurs dominantes ciel et blanc du Racing, s'est volatilisée depuis quelque temps. Thierry Vigneron, ardent et vaillant trentenaire, n'est pas non plus éternel. La relance se dessine avec Jean Galfione et Alain Andji, et de nouvelles espérances surtout se sont levées avec le premier nommé. Pierre tel un «grand frère» se réjouit maintenant de savoir qu'un futur «supersonique» décolle déjà brillamment d'une autre base, celle de l'INSEP, celle de Maurice Houvion. Il pourrait bien laisser une très belle trace bleu-blanc-rouge dans ce sixième ciel où rayonne «Jupiter» Bubka.

Jean Galfione, Pierre l'a très rapidement ciblé. Ne pourrait-il pas devenir après tout un digne prétendant au podium et au titre olympique pour Atlanta 1996 ?

Alors, tourne, tourne le «Tourne-Broche» à Hyères ! Pierre Quinon s'invente une autre vie sans totalement refermer l'évangile olympique. Car déjà, il a en tête d'assister aux prochains JO à Atlanta en 1996. En parfait supporter, peut-être... de Jean Galfione. Et si possible au premier rang des gradins. Oui, tout en bas. Au plus près de la piste et du perchoir pour mieux palper l'émotion suprême et les sensations les plus fortes !

Entre les deux hommes s'est instaurée, en effet, assez vite, beaucoup plus qu'une aimable complicité entre perchistes quand Pierre est venu déjà se mêler, une fois par mois, en 1990-1991, au groupe des jeunes de Maurice Houvion, à l'INSEP. Jean Galfione était alors interne à l'INSEP pour préparer un BTS commercial. Il est devenu à l'époque champion du monde juniors en 1990, à Plovdiv. Il a confié alors à Marc Ventouillac, de *L'Équipe*, que petit garçon, et pratiquant le saut en hauteur, c'est en voyant à la télévision la pureté du saut en plein vol de Pierre Quinon, puis son explosion de joie après ses 5,75 m de Los Angeles, qu'il a complètement flashé pour le saut à la perche :

«Mon père avait gardé soigneusement le numéro spécial olympique de *Paris-Match* avec toutes les photos de la victoire olympique de Pierre, se souvient-il. Certains après-midi, j'allais le récupérer pour le feuilleter. J'ai dû le faire cent ou cent cinquante fois ! C'est clair : je voulais suivre la même voie !»

Plus tard, il a instinctivement trouvé en Pierre un «frère aîné», un parfait modèle à suivre. Tout s'est donc mis en place dès les premiers entraînements collectifs chez Maurice Houvion, à l'INSEP. Une amitié indéfectible s'est alors nouée :

«Quand on savait qu'il allait venir, on se disait tous avec les copains : "Chouette : Pierre arrive !" » se souvient Jean Galfione.

Pierre s'entraînait avec eux. Un vrai bain de jouvence. En même temps, il prodiguait ses conseils. «On avait à son contact le sentiment de devenir plus forts», assure Jean. Il jouait aussi au rugby avec eux. Il discutait de tout. Et, à l'heure de la détente, «on délirait ensemble», a confirmé Pierre.

Mais, voyant évoluer Jean Galfione, perche en mains, Pierre a surtout réalisé que Jean, si prometteur, pouvait, comme lui, être effleuré un jour par l'aile de la gloire olympique. Après l'échec de Jean, encore trop novice, aux JO de Barcelone, en 1992 (13e avec 5,50 m) – pourtant 5,90 m, peu avant, à Saint-Denis, le 4 juin ! –, Pierre l'a immédiatement réconforté : «Surtout ne change pas. Crois en toi. Je suis persuadé que tu vas y arriver. Tu as le temps ! »

Jean Galfione possède un superbe profil de champion. Physique de coverboy, père escrimeur, champion d'Europe (par équipes), mère gymnaste, oncle champion olympique d'escrime (par équipes), une sœur mannequin, un frère comédien. Il assiste souvent à des représentations à la Comédie-Française. Il adore la Bretagne, les sorties en mer sur un voilier tout en rêvant au long cours. Il admire profondément les grands aventuriers, ceux des océans surtout – et Alain Gerbault au départ car il fut le premier à avoir traversé l'Atlantique en solitaire d'est en ouest – mais aussi ceux de l'espace ou qui partent à la découverte de territoires inconnus. Il se situe bien en tant que perchiste dans la peau d'un fan de l'extrême :

«Nous les perchistes, dit-il, on est un peu les casse-cou, les mauvais garçons de l'athlétisme. » Mais assurément aussi les beaux gosses qui font craquer les filles, pourrait-il ajouter !

Il ne lui reste plus qu'à se confectionner l'image d'un vainqueur. Il connaît le prix du risque, le poids du doute, les aléas d'une discipline déroutante et dangereuse parfois. Il sait mesurer aussi l'attente permanente… et stressante des médias qui trouvent ses résultats trop irréguliers. Peu importe.

Aiguillonné par Maurice Houvion, son «deuxième père», il se met à rêver, comme Pierre Quinon, à une apothéose olympique au pays de l'Oncle Sam, en 1996, à Atlanta.

Tant de similitudes d'ailleurs les rapprochent : même intelligence pragmatique, même tranquillité d'apparence, même authenticité, même pouvoir de séduction... et même talent ! Pierre est peut-être davantage traversé par les fulgurances tandis que Jean, toujours économe de ses mots, est un conquérant plus paisible. Ils vont bientôt partager ensemble l'un des plus beaux moments d'émotion de leur vie.

Vendredi 2 août 1996. Atlanta, la ville mythique d'*Autant en emporte le vent*, et de Martin Luther King, l'apôtre de l'égalité raciale, est le cadre magique des XXIIIes JO d'été. Place à la finale très attendue de la perche en milieu d'après-midi, dans l'écrin bleu navy du Centennial Stadium et devant 80 000 spectateurs. Le concours va durer près de cinq heures. Comme pour la finale olympique de Pierre Quinon en 1984. Celui-ci est venu, comme prévu, en «guest star» avec sa femme Caroline, tous deux invités par GDF grâce à Odile Lesage, compagne et future épouse de Stéphane Diagana. Un petit clan français s'est rassemblé avec force drapeaux en bas des gradins, près du sautoir. Il y a là Pierre, Caroline, Odile, Gérald Baudouin... et un peu plus haut Maurice Houvion, le coach.

Jean était arrivé superconfiant à Atlanta, en affirmant la main sur le cœur, comme Pierre avant Los Angeles :

«Je suis venu pour gagner !»

La perspective est d'autant plus plausible maintenant que le malheureux Sergueï Bubka est resté au tapis dès les qualifications avec un pied rougi jusqu'au sang par une violente inflammation au tendon d'Achille. Autre dangereux favori stoppé dès les qualifications : le Sud-Africain Okkert Brits (6,01 m, le 15 mars, à Stellenbosch).

Comme à Los Angeles, belle partie de poker en perspective avec des impasses pour les ténors comme l'immense Igor Trandenkov qui a franchi 6,01 m, un mois plus tôt à Saint-Pétersbourg (conditions litigieuses). Jean, déjà triple recordman de France (5,92 m et 5,93 m en 1993 et 5,94 m en 1994), est persuadé qu'un saut entre 5,90 m et 5,95 m devrait suffire pour décrocher le podium et peut-être même l'or !

Comme Pierre, à Los Angeles, il semble fin prêt pour monter au front et livrer bataille. Il affiche immédiatement une belle sérénité sur les barres inférieures avant d'aborder les plus hautes. Et là, on le sent encore plus déterminé pour aller au combat, en tout cas très confiant dans sa stratégie, à la fois subtile et efficace. Elle va s'avérer hyperpayante. Il passe 5,86 m et 5,92 m, chaque fois au premier essai, et laisse alors éclater sa joie en brandissant vers le ciel les deux poings serrés. Ce dernier bond dans les étoiles est à l'évidence susceptible de déstabiliser très sérieusement ses rivaux. De fait, le Russe Igor Trandenkov après 5,92 m (en troisième essai direct) se montre bien présomptueux en se réservant… pour 6,02 m. L'Allemand Andrei Tivontchik passe certes lui aussi 5,92 m… mais au deuxième essai. Les jeux sont faits !

Jean Galfione, 25 ans, devient champion olympique douze ans après Pierre Quinon ! Ils appartiennent tous deux à l'Histoire. Nouveau succès olympique de prestige pour l'école de perche française. Joie immense pour le clan tricolore déjà comblé par l'incroyable doublé olympique 200 m-400 m de Marie-José Pérec. Jean, le visage inondé de sueur, semble un peu sonné sur le coup. Puis, ivre de bonheur, il accourt vers le petit groupe ami survolté qui l'a appelé en bord de piste. Pierre Quinon, lui, n'a pu se contenir. Il a enjambé la balustrade pour plonger dans les bras de Jean, les yeux en larmes. Force symbolique de cette amitié de deux champions olympiques, portée sur grand écran. Pierre est à la fois bouleversé mais tellement heureux. Comme s'il avait transmis à Jean les clés pour ouvrir les portes d'un nouveau monde.

Alors, la nuit est à eux maintenant, comme à Maurice Houvion et tous les amis pour célébrer ce succès grandiose. Pierre est rasséréné d'avoir trouvé en Jean son héritier. Il ne manquera pas de lui confier par la suite la bonne ligne à adopter pour mieux réinventer sa liberté :

«Ne joue pas au champion olympique. Continue d'exister par toi et pour toi-même!»

18

« Dessine-moi le Sud... »

« Il ne le dit et ne le montre à personne,
mais son tatouage à l'épaule est la réplique
parfaite de sa médaille d'or de Los Angeles.
C'est juste existentiel. »

Stéphane Diagana

C'est une journée ordinaire en plein été, au Lavandou, comme à Bormes-les-Mimosas et Hyères, une journée de grand soleil et de ciel bleu. Depuis le petit port de plaisance on aperçoit au loin quelques voiles légères qui se balancent doucement à l'horizon. Mais à quelques milles de là, et tout proches, glissent également tous ces beaux yatchs blancs qui, dans le même sillage d'écume, entament dès l'aurore leur ballet ininterrompu et ondoyant, le long de la côte entre Monaco et Marseille.

Ici, pour Pierre, ce n'est pas la Californie, ni Venice ni Beverly Hills, comme en 1984, mais chaque jour qui passe le convainc qu'il a fait le bon choix.

Voici maintenant quatre ans qu'il a installé sa petite famille du côté d'Hyères et dans ce site fleuri et charmant du Lavandou et de Bormes-les-Mimosas, avec ses pins, ses palmiers, ses parfums de lavande et d'eucalyptus. Il est persuadé qu'il va continuer de dessiner pour les siens «une belle vie» dans le Sud.

Pierre ayant toujours voulu se protéger de la lumière trop artificielle des projecteurs, au temps de ses exploits, on devine qu'il savoure maintenant cette chance de prendre, ici, le temps de vivre et de profiter à plein d'un environnement particulièrement lumineux. La Méditerranée est à deux pas. L'arrière-pays est ourlé par les lignes rondes du massif des Maures. La végétation est éblouissante.

Pierre, on le sait désormais, est un champion olympique qui ne se laisse pas rattraper par ses souvenirs. Il a pris tout le monde de court avec son histoire de «rôtisserie». Peu importe ! Cela marche d'ailleurs très bien, après une mise en route tout de même longue qui l'a énormément mobilisé. Pierre envisage d'utiliser bientôt deux employés (Franck et David) ce qui allégera ses horaires. Bref il ne veut plus vivre que l'instant présent sous l'influence apaisante et dynamique de Caroline, et profiter de ces petits riens qui font le sel de l'existence avec Robin et le petit dernier Jean-Baptiste : six ans d'écart à un jour près entre eux deux !

Et puis le cercle de famille s'agrandit avec les vrais amis. Parmi eux, à proximité presque immédiate, il y a William Motti

– cinquième du décathlon aux JO 1984 – qui vit à Antibes et n'hésite pas à faire de fréquents crochets par l'autoroute. Plus tard, le couple Stéphane et Odile Diagana s'installera dans les environs. Stéphane est recordman d'Europe, champion du monde du 400 m haies en 1997, et Odile (née Lesage), ancienne championne de France de l'heptathlon. Tous deux vivent encore surtout à Paris pour leurs activités sportivo-professionnelles, mais ils descendront plus tard, à partir de 2008, vers leur belle demeure perchée sur les hauteurs de Saint-Paul-de-Vence, à Vence magnifique ville médiévale, face à la mer. Les voyages vers Paris ou du côté de Nantes, où habite Éric Neyvoz, sont aussi les bienvenus pour Pierre. Comme les rendez-vous précieux en Bretagne avec Jean Galfione quand ce n'est pas celui-ci qui prend la route du Sud. Et puis il revient aussi de temps à autre vers sa famille à Salaise.

Pierre vit désormais clairement dans un autre monde, plus confortable! Il sort rarement de son silence pour s'épancher auprès des médias. Ses apparitions publiques sont rares. Il respire la sérénité. Il parle de ses projets, du rapport très complice qu'il entretient avec ses deux fils pour les attirer vers le sport, et bien sûr l'athlétisme – Robin est un bon sprinter – avant que le rugby ne les capte définitivement tous les deux. On le sent toujours avide de bonheur, animé par la même force sentimentale qui le pousse vers les autres, prêt à exprimer de manière positive toute l'énergie qu'il a conservée en lui. Il traîne certes encore un peu de cette mélancolie qui le rend si attachant, mais on est loin de penser que les vents contraires pourraient se mettre à souffler sur cette belle tranquillité azuréenne...

En tout cas, il ne faudrait pas imaginer que dans le climat parfois émollient du Sud il va se laisser gagner par le «*qui va piano va sano*!». Pierre est un faux indolent toujours titillé par ses élans de passion. Celle de la mécanique, des motos et de la vitesse «à tous risques» notamment. Il a trois «Rolls à deux roues» en particulier qui ne dorment pas longtemps dans le garage : la Ducati 916, marque surnommée «la Ferrari des motos», la R1 Yamaha et une Honda 750. Il les chevauche régulièrement pour brûler les pistes du Castellet ou d'autres circuits proches à plus de 250 km/h parfois, au mépris du danger. Assurément, Pierre ne s'est pas départi de son instinct du dépassement de soi et de sa passion pour la vitesse.

Tous les loisirs sportifs sont à saisir dans cet environnement si favorable. La plage en famille, constamment à la belle saison, les balades en mer avec un «joli petit voilier», comme dit Caroline, et le zodiac pour voguer en un clin d'œil vers les criques voisines. Il y a aussi toutes les activités nautiques à portée de main : surf, plongée, planche à voile... La montagne n'est pas loin non plus. Les raids chaque hiver sont fréquents vers Isola, en famille, pour retrouver le frère de Caroline et son épouse, tous deux moniteurs de ski.

Bientôt, Pierre va aussi laisser libre cours à une attirance irrésistible et très ancienne pour le rugby.

Il est également toujours en quête d'aventures nouvelles, de découvertes littéraires inédites y compris sur le spiritualisme, de rencontres imprévues avec des gens passionnants, aux expériences enrichissantes. Son penchant naturel pour tout ce qui est beau, esthétique, artistique, créatif, va naturellement le pousser, plus tard, vers la peinture, une vocation également ancienne. Dans l'immédiat, avant de viser plus loin, il se contente de dessiner des portraits. Il s'adonne aussi volontiers à la composition de quelques poèmes. Pierre est décidément un être à part et singulier. Il était déjà un champion atypique!

Caroline, sa femme, son amour de jeunesse, qui l'avait rejoint à 19 ans, à peine, à Colombes peu après l'arrivée de Pierre au Racing, chez Perrin, fin 1981, apprécie bien entendu ce retour dans la ville de son enfance.

«J'étais très heureuse quand même à Bordeaux, précise aujourd'hui Caroline Large-Quinon. J'ai terminé à Bordeaux mes études par un DESS, après ma maîtrise à la Sorbonne, à Paris. Mon premier emploi dans l'urbanisme, à Eysines – à 7 km de Bordeaux –, me plaisait beaucoup. Nous avions magnifiquement aménagé notre superbe maison de Camblanes. Mais je suis aussi méditerranéenne de cœur, par mon enfance et mes origines pieds-noires. J'appréciais donc de me rapprocher de mes parents séparés, mon père à Bormes-les-Mimosas, ma mère à Sanary, et toutes mes amies de jeunesse au Lavandou et à Bormes. Heureuse d'élever Robin et Jean-Baptiste dans ce cadre agréable. Ravie aussi de pouvoir m'occuper de mon club d'origine, "L'Avenir du Lavandou", où j'avais réalisé de belles performances d'abord en minimes (record régional au 150 m) avant de m'affirmer parmi les meilleures juniors de France en 1979. Mais il a fallu donner la priorité à mon bac puis à mes études universitaires. Venir à Hyères et au Lavandou et Bormes, c'était en tout cas clairement le choix de Pierre. Il voulait enfin s'assumer dans sa propre affaire avec la rôtisserie.»

Et la vie déroule son fil paisible, jalonnée par les anniversaires, les fêtes familiales, la vie scolaire des enfants, les fêtes avec les amis, les voyages, les loisirs multiples, l'activité professionnelle du couple... Pierre n'en conserve pas moins un regard toujours attentif sur les événements forts de la vie athlétique et de la perche française. L'amitié de Pierre avec Jean Galfione n'a cessé de se renforcer depuis Atlanta 1996, comme celle partagée avec Stéphane Diagana et Odile, et il va commenter avec chaleur dans les colonnes du journal *L'Équipe* les premiers 6 m d'un Français, Jean Galfione bien sûr, au Japon, le 6 mars 1999, quand il décroche, à Maebashi, le titre mondial en salle :

«Je lui avais dit : Tu verras, les 6 m, tu les passeras sans problème le jour où tu seras dans l'obligation de gagner un grand titre. Pour devenir champion du monde, il a mené son concours de façon extraordinaire !»

D'ailleurs Pierre a prévu, peu après, de faire venir si possible Jean et les autres copains, Stéphane Diagana, Philippe Riboud et William Motti, le 8 mai 1999, pour le lancement de son opération «Sports et Lumière» qu'il a créée avec la complicité du maire de Bormes-les-Mimosas, Albert Vatinet. Elle consiste en des ateliers d'initiation à plusieurs disciplines sportives, pour les jeunes.

Pierre approchant maintenant de la quarantaine, estime d'ailleurs qu'il peut jouer aussi un rôle d'animation en faveur de l'athlétisme français et cela tombe bien. Quand Bernard Amsalem est élu pour son premier mandat de président de la FFA, en janvier 2001, il l'appelle immédiatement tout en se préparant à introniser un nouveau DTN, Robert Poirier, l'ancien recordman de France du 400 m haies, et ex-conseiller ministériel d'Alain Calmat, à l'époque des JO de Los Angeles. Bernard Amsalem a un projet qui lui tient à cœur : faire de Pierre Quinon «un directeur de l'élite» pour l'athlétisme français. Pierre se montre enthousiaste à cette idée. Mais il se voit davantage au départ «patron des équipes de France» plutôt que gestionnaire d'une élite recensée comme cela lui sera proposé ensuite. Finalement, Robert Poirier ayant souhaité, dès son installation, conserver ses prérogatives côté équipe de France, l'accord ne s'est pas conclu.

Pierre est déçu mais n'est pas pour autant coupé du petit monde de l'athlétisme français. Il a suivi avec le plus grand intérêt la très belle progression de Romain Mesnil, jeune rival de Jean Galfione, et qui peut se présenter à son tour comme un candidat potentiel à un titre olympique : 5,93 m en 1999 et titre de champion d'Europe espoirs, à Göteborg, à l'âge de 22 ans. Romain est entraîné par Georges Martin, l'ancien coach de Pierre au Racing. L'idée de prêter main-forte à Mesnil, plus tard, en vue des JO d'Athènes, en 2004, lui trotte déjà dans la tête. L'opération très courte ne portera pas ses fruits. Romain (5,95 m en 2003) ne connaîtra malheureusement jamais, lui, la réussite olympique malgré deux très belles médailles d'argent mondiales en 2007 à Osaka et 2009 à Berlin.

Mais pour Pierre, depuis quelque temps, le rugby a pris une place de plus en plus envahissante dans sa vie et celle de toute la famille. Il ne se contente pas d'aller fréquemment, au stade Mayol, suivre les matches des «rouge et noir» du RC Toulon, en fervent supporter comme Caroline et les garçons. Il a pris, en 1998, sa licence au «Rugby Club des Plages» surnommé bientôt «le club des trois clochers», car à partir de 2001 il regroupe les cités voisines du Lavandou, de Bormes-les-Mimosas et maintenant de La Londe-les-Maures. Pierre joue trois-quarts centre, tous les dimanches dans le championnat régional, et toute la famille vient le voir jouer à La Londe, au stade Emmanuel-Vitria – premier greffé du cœur français avec succès à Marseille en 1968 et dont le fils est maire de la ville –, ou sur le deuxième stade utilisé, à Bormes-les-Mimosas.

«Pierre est tonique et percutant, raconte Mickaël Vaccino, son partenaire de l'époque, qui joue demi de mêlée. Il fait preuve de beaucoup d'envie et d'enthousiasme dans le jeu. Il aime s'entraîner longuement aux tirs au but. Il s'occupe aussi de notre préparation physique. On aime chez lui cette façon d'être respectueux, très humble. En revanche si, au cours du match, un adversaire le chatouille de trop près, il est capable d'avoir la riposte facile!»

Dans les douches, ses copains ont sans doute remarqué que Pierre a le haut de l'épaule orné d'un tatouage, réalisé à Toulon en 1996 et qu'il ne montre à personne. Tiens, n'est-ce pas en fait la réplique parfaite de sa médaille d'or olympique des JO de Los Angeles?

Ne pas se méprendre. Pierre ne s'affiche pas. «Ce n'est que le signe d'une fierté légitime qu'il ne veut assumer que par rapport à lui-même, affirme Stéphane Diagana. Je l'ai découvert aussi avec surprise lors de notre voyage en mer aux Seychelles, à l'automne 1998, lorsque Pierre et Caroline, Jean Galfione et son amie Frédérique Quentin, se sont joints à nous avec ma femme Odile pour faire de la voile et partager de beaux moments d'amitié que nous avons renouvelés en 1999 sur un catamaran aux îles Vierges. J'ai réalisé en fait que Pierre, toujours en quête d'une forme d'ancrage par rapport à sa condition humaine, exprimait à travers ce signe la quête permanente de sa propre vérité.»

Seuls les intimes de Pierre savent également qu'il a toujours en poche un tout petit caillou de 3 cm de large dont il ne se sépare jamais... et que personne ne doit toucher :

«Pierre se singularise en effet par son côté cosmique, ce besoin de se raccrocher à la terre et de se rapprocher des forces telluriques», analyse Caroline Bocquet, ancienne vice-championne de France de perche, et élève de Maurice Houvion, artiste peintre qui deviendra après 2005 une confidente et «correspondante» fidèle de Pierre dès qu'il se lancera dans la peinture. Pierre est assez mystique. Il s'interroge constamment sur les hasards et les coïncidences de la vie. Il consulte des ouvrages spécialisés.

«Problème : Pierre a du mal à s'accommoder du simple quotidien, fait remarquer Stéphane Diagana. D'où ce besoin constant chez lui de rechercher des sensations fortes, de pousser à l'extrême ses pulsions comme lorsqu'il veut foncer pleins gaz avec ses motos, au risque de se mettre dans le rouge. Ainsi, lorsqu'il s'implique dans un domaine précis, le fait-il à fond. N'est-ce pas aussi en fonction de ce trait de caractère qu'il est devenu champion olympique ?»

«En 1997, raconte Caroline Large-Quinon, Pierre, sur un coup de tête, a décidé de partir seul vers le Grand Nord jusqu'à la pointe extrême de la Norvège. Il voulait tout simplement contempler le soleil de minuit et voir vivre autour de lui et en osmose les gens de là-bas dans leur quotidien, plongés au cœur d'un phénomène à la fois étrange, pour nous, mais naturel pour eux. Lorsqu'il est revenu de son périple, il avait une barbe de sept jours. Personne n'aurait pu s'opposer à cette échappée solitaire surprenante et assez déroutante. Elle répondait pour lui à une nécessité intime parfaitement réfléchie et surtout absolue.»

En février 2002, Pierre va fêter ses 40 ans. Caroline a prévu une petite fête surprise dans l'établissement du Speedkart, parc de loisirs et de karting pour adultes et enfants à Hyères, près de l'aéroport. Elle a invité un grand nombre de ses amis, comme Éric Neyvoz, William Motti, Alain Morineau, Joseph Mahmoud – vice-champion olympique du steeple à LA 1984 –, Philippe Riboud, Claude Pelletier, copain de lycée à Colombes... mais aussi Jean-Claude Perrin et son épouse, Jacqueline, venus par avion.

«Pour une surprise, ce fut une surprise pour Pierre car nous étions une quinzaine et tous en combinaison de kart et affublés d'un casque, raconte Jean-Claude Perrin. Pierre ne s'attendait pas à nous voir et ne pouvait bien sûr nous reconnaître. En rejoignant les petits gradins du Speedkart où nous étions, il a été bien stupéfait de me voir là quand j'ai soulevé, le dernier, mon casque! Ce fut une belle et franche rigolade. Ensuite, on a fait de petites courses de kart très sympathiques où Pierre s'est le plus distingué. Un buffet avait été dressé pour la soirée. Pierre a soufflé ses quarante bougies. Et les plus jeunes ont dansé. Un sacré bon souvenir!»

Et puis voici venir l'année 2003. Pierre se fait à l'avance une joie de monter à Paris, avec Caroline et les deux garçons, pour suivre, dans le cadre unique du Stade de France, les championnats du monde d'athlétisme magnifiquement orchestrés par la FFA. Les tricolores ont quelques belles cartes à jouer. Jamais un événement de cette dimension mondiale n'a été organisé en France... depuis les Jeux de 1924. On s'attend à une affluence moyenne de plus de 55 000 spectateurs chaque jour et à des audiences télévisuelles record à l'échelle planétaire.

«Les Français vont enfin pouvoir ouvrir grand les yeux sur la riche beauté d'un spectacle athlétique», a annoncé Stéphane Diagana. L'ami de Pierre arrive lui en fin de carrière. Il aimerait terminer en beauté par un podium au 4×400 m. Son souhait dépassera toutes ses espérances. Le quatuor, avec Leslie Djhone, Naman Keita, Stéphane Diagana et Marc Raquil, bat le record de France du 4×400 m en 2'58"96 au terme d'un final époustouflant entre Jerome Young, l'Américain, et Marc Raquil, à 8 centièmes. On apprendra, quelques jours après, le contrôle positif au Modafinil d'un relayeur américain, Calvin Harrison. La médaille d'or est réattribuée à Stéphane et ses copains. Un grand moment pour l'athlétisme tricolore.

Mais pour Pierre, un événement «dans l'événement» s'est aussi produit pendant le Mondial 2003. Toute la dynastie des perchistes du Racing a décidé d'organiser le 28 août un «jubilé» pour fêter Jean-Claude Perrin, à la Croix-Catelan. Éric Neyvoz et Alain Morineau – Nini et Momo pour les intimes – ont battu le rappel des plus jeunes comme des plus anciens perchistes du Racing. Cela leur a pris près de dix-huit mois !

«Jean-François Lamour, alors ministre des Sports – et Racingman –, avait été mis dans le secret pour ce grand rassemblement de plus de soixante-dix perchistes (tous les ténors bien sûr, Vigneron, Quinon, Abada, Bellot...) et quelques autres athlètes ou sportifs, raconte Jean-Claude Perrin. Certains même venaient de très loin comme Philippe Sivillon et Thibault Cattiau (Tahiti) ou Dave Kenworthy et Kory Tarpenning (États-Unis) et Daniel Caimi de Rome. Trois jours de fêtes et de retrouvailles inoubliables. Je crois bien que c'est la première fois que Pierre Quinon a pu rencontrer notre "vétéran" Victor Sillon (né en 1927), multiple recordman de France et trois fois sélectionné aux JO (1948-1956-1960). Pierre avait écrit et lu un poème en mon honneur. Très émouvant et spirituel.»

Pierre a ainsi précisé à l'adresse de Jean-Claude Perrin : «Vous avez persuadé des générations de jeunes hommes à donner tout d'eux-mêmes. Vous nous avez couvés comme un père.»

Il a aussi beaucoup fait rire en signalant avec humour en s'adressant à «Bill» (le surnom du coach) : «Continuez de bien vous porter "Buffalo Bill Jean-Claude Perrin" sur votre scooter cabré, car vous êtes le sémaphore qui éclaire le chemin de nos trajectoires.»

En récompense pour la «beauté de son œuvre» (depuis 1960 !) Jean-Claude Perrin s'est vu offrir un voyage aux États-Unis, à Reno dans le Nevada, pour un meeting aérien (sa passion pour l'aéronautique) avec au programme... des courses d'avion dans le désert autour d'immenses pylônes ! Géant !

Mais l'année 2004 qui approche va être assombrie par un événement totalement inattendu, au printemps. Pierre, toujours à s'interroger, à se remettre en question, imagine qu'un vent d'air frais pourrait souffler sur son existence s'il prenait de l'indépendance par rapport à sa vie de couple.

«Je pense qu'il a reporté sur son couple le mal-être qu'il ressent. Il s'est culpabilisé après. Caroline, sa femme, a toujours été son grand amour», estime aujourd'hui Caroline Bocquet, une amie de Pierre.

Son sentiment à l'égard de Caroline semble être en effet indéfectible comme il le reconnaîtra plus tard. Mais il a choisi dans l'immédiat de s'éloigner. Pas très loin. Il prend un appartement à Hyères et suit toujours le fonctionnement du «Tourne-Broche». Une nouvelle vie commence entourée de beaucoup d'incertitudes...

19

La peinture, une renaissance ?

«Il va se livrer tout entier sur la toile et laisser parler ses émotions dans un état quasiment euphorique et ambivalent. Bonheur de s'exprimer. Douleur solitaire...»

Caroline Bocquet

«Aujourd'hui : j'entre en peinture !»

Voilà désormais la formule que Pierre Quinon utilise auprès de son entourage, à partir de 2005, pour évoquer la nouvelle orientation qu'il souhaite donner à sa vie. Pourquoi la peinture ? Parce qu'il a toujours été fasciné par les grands peintres et attiré par toutes les formes de beauté artistique. Sans doute y voit-il maintenant un moyen sûr pour mieux dominer son équilibre. Sans doute recherche-t-il des émotions nouvelles et cette vibration particulière que peut entretenir un peintre face à sa toile, saisi par l'exaltation des couleurs et par le mouvement magique du pinceau.

Plus jeune il admirait les impressionnistes et cette douceur de vivre offerte dans les beaux paysages, les lieux enchanteurs, grâce à une représentation facilement accessible. Aujourd'hui, il se sent très attiré par l'expressionnisme abstrait où rayonne ce mystère de l'inspiration qui crée une autre réalité, déclenche des émotions «réactives» chez l'observateur, et paraît mieux correspondre effectivement, au plan créatif, à son tempérament parfois complexe.

«L'art abstrait, a écrit un jour l'académicien Erik Orsenna, c'est la marche vers la liberté de la représentation.»

La liberté a bien été aussi effectivement pour Pierre, dès sa jeunesse, une quête permanente pour s'affirmer, porté par un élan puissant comme pour la pratique de la perche où il faut maîtriser l'espace... et le risque, sans parler de la moto à 250 km/h ! Plus que jamais, à la quarantaine, Pierre affiche cette nouvelle liberté improbable qui peut désorienter ses proches. Il a soudain voulu être libre de mener sa vie différemment et comme il l'entend, y compris malheureusement sur le plan familial. Mais il ne va pas pour autant s'éloigner de sa femme Caroline et de ses deux fils Robin et Jean-Baptiste. Les liens restent très étroits. Il a pris un appartement dans Hyères et va y installer son atelier dans une pièce. Il a prévu de remiser bientôt les tableaux dans son garage.

En tout cas la peinture, assurément, devient à ses yeux une chance à saisir. Et là encore il se sent prêt à se lancer à corps perdu dans une activité nouvelle qui l'enthousiasme, et peut lui procurer, il l'espère, un bonheur absolu.

Pourtant, rien a priori ne permet de penser que, si sa vie change de perspective, il trouvera la solution à ses interrogations existentielles. Certains de ses amis vont fatalement s'interroger sur cet engouement qui prend un tour de plus en plus excessif. Inquiétude... Ne s'est-il pas engagé dans une sorte de fuite en avant très périlleuse ?

Pierre dans l'immédiat reste dans la bonne mesure. Il ne vit pas en vase clos avec ses toiles et ses tubes de peinture. Il garde tous ses contacts et d'ailleurs, il n'a pas manqué d'accourir, déjà, en avril 2004 vers Salaise, peu après sa séparation avec Caroline, pour revenir avec grand plaisir sur les lieux de son enfance. Le gymnase du collège, avec salle omnisports et salle de gymnastique, inauguré en 2001, ne portait encore aucun nom. Celui de Pierre Quinon s'imposait. Le maire, Joseph De Barros, a donc prévu une belle manifestation le 23 avril 2004, avec la participation des édiles locaux et notamment du futur maire, Jackie Crouail. Pierre s'y est rendu avec le plus jeune de ses fils, Jean-Baptiste, 11 ans. Il est ravi de retrouver sa mère Jeanine – son père Henri est hélas décédé d'un cancer en 1998 –, heureux de revoir tous ses amis comme l'ancien professeur d'EPS et entraîneur Alain Behm. Celui-ci s'est occupé, notamment avec Laurent Pouget, de la mise en place d'une exposition avec dix-sept panneaux retraçant par le texte et l'image toute la carrière de Pierre depuis ses premiers pas au Rhodia Club de Péage-de-Roussillon, jusqu'à ses exploits olympiques et mondiaux. Alain Behm, après la cérémonie qui dévoile la plaque du «gymnase Pierre Quinon», l'a conduit ensuite à la rencontre des jeunes élèves des divers établissements scolaires de l'agglomération. Pierre a fait passer ce message :

«J'étais comme vous ici simple élève. J'étais au Rhodia Club et j'ai appris grâce au sport le dépassement de soi. Je suis devenu champion olympique et je peux vous dire que cela change la vie car on touche au mythe. Alors, vous les jeunes, si vous aimez le sport : allez-y, faites-en!»

Mais Pierre n'a pas évoqué le peu de reconnaissance pour son triomphe olympique, ce sentiment d'avoir été un peu abandonné. Un thème exposé d'ailleurs avec un réalisme assez prononcé, à la télévision, dans l'émission *Succès* de Julien Courbet, en 2001. Sur ce plan, et depuis longtemps, les regrets pour lui ne sont plus en effet d'actualité. Il a inversé les codes. Oui : place à la peinture! Elle va le conduire à courir les galeries d'art, les magasins à Paris et ailleurs. Il va s'équiper et s'instruire sur les techniques. Il souhaite rencontrer des artistes confirmés. Il prend régulièrement des cours, sur les hauteurs de Giens, avec une dame élégante, très âgée, aujourd'hui disparue, Colin Raffer. Elle le conseille sur la technique basique de la spatule et du pinceau. Il va même voyager vers la Chine et Shanghai pour ramener les fameux et incontournables gros pinceaux chinois! Un rêve pour lui : aller en Chine, un pays qui le captive.

Bientôt pris dans une sorte d'euphorie liée à la peinture, Pierre éprouve en même temps le besoin de se rapprocher un peu plus de ses amis pour atténuer sa solitude, même s'il fréquente une amie hôtesse d'Air France, Nathalie, tout en gardant plus ou moins son indépendance. Il a ainsi décidé avec Georges Martin, son ancien coach, chez Perrin, et Alain Morineau, de se rendre à Athènes en août 2004 pour suivre les JO et notamment Romain Mesnil malheureusement peu en réussite. Il loge dans un appartement près du Pirée, prêté par un ami. Une expérience qu'il va vouloir d'ailleurs renouveler en 2009, avec Éric Neyvoz, Olivier Perrin, Alain Morineau et William Motti. Il va suivre le Mondial à Berlin (où cette fois Mesnil décroche l'argent avec 5,85 m et Renaud Lavillenie, le bronze avec 5,80 m). Mais il a dû annuler en dernière heure le déplacement de 2010 aux championnats d'Europe à Barcelone. Pierre s'est en revanche enthousiasmé devant l'incroyable festival tricolore : dix-huit médailles, huit en or, trois pour Christophe Lemaitre sur 100 m, 200 m et avec le 4×100 m, le doublé Mahiedine Mekhissi-Bob Tahri au steeple, les victoires de Romain Barras au décathlon, Yohann Diniz au 50 km marche, Myriam Soumaré au 200 m... et le premier grand titre en plein air de Renaud Lavillenie à la perche. Comme à Berlin où Pierre avait apprécié les deux médailles des perchistes français. Pierre n'a pas caché alors qu'il est emballé par la progression du Clermontois. Il a franchi pour la première fois les 6 m, l'année précédente, en 2009 à Leiria, au Portugal : 6,01 m, le 21 juin, dans la Superligue européenne. Il voit en lui un possible champion olympique pour Londres 2012, conviction renforcée par les 6,03 m de Renaud le 5 mars 2011 à l'Euro en salle de Bercy.

Voici Pierre Quinon en tout cas lancé à fond dans sa nouvelle passion. «Il a tellement voulu se mettre à la place des artistes qu'il admire, explique son amie parisienne et ex-perchiste Caroline Bocquet, que la peinture maintenant exacerbe ses émotions positives comme négatives. Il veut se sentir exister par elle et grâce à elle. Cette passion peut à la fois adoucir ou aggraver le mal-être qu'on perçoit insensiblement en lui.»

Il s'est notamment emballé au départ pour Nicolas de Staël, éminente figure, grand maître de l'expressionnisme abstrait, dont Romain Gary disait qu'il était «le seul peintre qui donnait, avec ses toiles, du génie au spectateur». Ce peintre, né à Saint-Pétersbourg, en 1914, et dont l'enfance avait été brisée par la révolution russe et un exil polonais, a connu la gloire aux États-Unis avant de venir se poser en Provence. On disait à l'époque «que dans sa frénésie de peindre, il côtoyait sans cesse l'abîme». Il aimait peindre sur des airs d'opéra ou sur les musiques... de Sidney Bechet. Nicolas de Staël, qui détruisait à peu près autant de toiles qu'il en gardait, s'est jeté à 41 ans par la fenêtre de son atelier d'Antibes...

«Au départ, explique Caroline Bocquet, il y a en Pierre la naissance d'un phénomène d'identification avec ce peintre sur lequel il a tout lu, dont les œuvres, qu'il découvre au Centre Pompidou notamment, l'émeuvent profondément comme son dernier tableau *L'Orchestre*. Pierre est persuadé qu'il possède la même sensibilité artistique.»

Lui aussi va entrer progressivement dans une sorte de frénésie créative. Son instinct perfectionniste l'incite à tout voir, tout comprendre sur le processus pour s'ouvrir au monde artistique, tout entreprendre... Il essaie d'exprimer un talent naissant dans une construction mentale de ses toiles qui intrigue. Il entre dans un univers spirituel où se mêlent confiance, doute, magnifiques espérances, audace, merveilleux hasards, violents refus, désespoir total, sublimes révélations… Il découvre bientôt que l'inspiration surgit parfois la nuit et déclenche une révolution galvanisante. En même temps, Pierre entre dans une sorte de tourbillon existentiel au sein duquel il tente de trouver désespérément une autre identité.

« Il y a une ambivalence qui se met en place dans sa volonté de vibrer et d'exister grâce à la peinture, analyse Caroline Bocquet. Il va se mettre dans des états qui le remuent fort intérieurement. Il est persuadé que la peinture est le vrai moyen de s'exprimer, l'exutoire pour faire ressortir toutes ses émotions. Elle va le rendre à la fois heureux et l'épuiser. »

Une rencontre capitale pour lui s'est produite au cours de l'été 2005, à l'occasion d'une réception d'amis à Giens (rade de Hyères) chez la cantatrice Marion Canessa. Pierre échange amicalement avec Gérard Serre, peintre renommé dans l'expressionnisme abstrait. Cet homme cultivé et chaleureux a étudié aux Beaux-Arts et a été directeur du Centre culturel de Cabourg. Il possède une grande propriété à côté d'Hyères dans un site fort plaisant avec demeure, atelier et vaste showroom pour ses toiles. Il envisage d'aménager le local : deux chambres, salon, salle de bains, cuisine. Pierre se déclare intéressé par cette possibilité de venir s'y installer, en toute indépendance. Profiter ainsi du calme d'un joli paysage et de l'expérience de ce peintre au talent très confirmé avec lequel l'amitié et la confiance se sont immédiatement instaurées le séduit.

«J'ai dû au départ le faire bosser sérieusement car il peignait des choses pas abouties, raconte Gérard Serre. Il fallait l'aider aussi à comprendre ce qu'il avait en tête. L'abstrait c'est abyssal. Il faut être très vertébré pour basculer dans cet art. Il était attiré alors par Jackson Pollock, très célèbre, vu, fait et surfait. J'ai essayé de l'orienter vers Fabienne Verdier et Zao Wou-Ki, et leur monde complexe et riche, celui de peintres qui ont travaillé sur eux-mêmes. Plus aisé pour arriver à la sérénité du geste avec humilité et simplicité.»

Mais Gérard Serre remarque que Pierre «n'est jamais dans cette simplicité recherchée et qu'il souffre». Rien pourtant ne saurait l'arrêter. Il peint debout et c'est un véritable corps-à-corps avec la toile. De jour comme de nuit. Il pratique aussi la méthode du «dripping» avec la grande toile à l'horizontale, posée au sol. Il écoute de la musique brésilienne, des ballades, les chansons douces et mélancoliques de Stacey Kent (*Les Petits Riens*) et du Miles Davis.

«La peinture m'aide à vivre», assure-t-il alors à sa confidente Caroline Bocquet qui précise : «Il a en lui un désir d'exister, de liberté et de grandeur. Sa peinture n'est pas forcément décorative ou légère, mais elle est engagée, vraie et forte.»

«Il fait preuve progressivement d'une réelle maîtrise technique et il veut tout explorer, les matières et les outils différents, ajoute-t-elle. Il peint avec ses tripes et sa sincérité. Je sais qu'il a en lui un bonheur de s'exprimer mais aussi une douleur solitaire. Son seul objectif n'est pas de plaire mais qu'on ressente une émotion devant ses toiles.»

Les mois s'écoulent. Pierre apprécie surtout cette exaltation que procure la création artistique. Il n'est pas pressé d'exposer ses toiles. Il redoute les jugements. Mais l'occasion se présente en 2007. Il propose plusieurs tableaux dans le chai d'un vignoble mais en cercle relativement restreint. Il pense qu'il possède un talent mais est anxieux. Il rêve avant tout de toucher l'émotionnel de ceux qui observeront ses œuvres en format d'une hauteur de 1,30 m. Il guette en priorité le regard admiratif de ses deux fils Robin et Jean-Baptiste. Eux seuls, estime-t-il, pourraient faire naître en lui un sentiment de fierté...

Il attendra ensuite plus de trois ans en février 2010, avant d'être exposé enfin et pendant un mois et demi dans une véritable galerie cotée, la Maison du Cygne, à Six-Fours-les-Plages. Il y présentera notamment «Ground Zero», qui traite des twin towers de New York. Il explique alors : «Je peins à l'instinct. Quand une toile est terminée, je la retourne et je ne veux plus la voir pendant quatre jours. Alors je peux juger si elle est sincère.»

Le directeur du centre culturel et d'expositions de Six-Fours, Dominique Baviera, est assez subjugué par l'expérience unique de ce «peintre-champion olympique» dont on parle dans la presse régionale et qui va vendre à l'occasion plusieurs toiles : «Il redoute cette confrontation avec le public, confie-t-il. C'est un autodidacte en fait. Sa maîtrise m'a surpris. Je vois qu'il peint l'abstrait au gré de ses humeurs et de ses états d'âme. Il y a un joli équilibre dans le cheminement de sa création. Mais je sais aussi qu'il travaille beaucoup la nuit. Il m'a expliqué que la peinture est devenue une drogue, une addiction. Le plaisir s'accompagne d'une contrainte qui le rend malade. Il devient insomniaque. La peinture hante ses nuits...»

Pierre avant d'entrer dans une forme d'hypnose avec la peinture sait encore équilibrer sa vie en retournant vers les amis les plus chers. Éric Neyvoz, bien sûr, à Nantes. Stéphane et Odile Diagana, William Motti… Et Jean Galfione car Pierre, comme lui, est un perchiste qui a le pied marin. Ils ont fait plus ou moins sérieusement le pari de tenter peut-être un jour la traversée de l'Atlantique !

«Ces moments de détente le "boostent" formidablement, explique Gérard Serre qui reste un ami proche après une longue expérience commune de deux ans. Pierre revient chaque fois regonflé à bloc et rasséréné. Mais quand il enchaîne quelquefois les nuits à peindre, il arrive que je le retrouve le matin dans un état comateux.»

Pierre se refugie en effet, parfois, dans l'alcool pour tenir physiquement et psychologiquement. Surtout quand il est en panne d'inspiration. Classique chez certains artistes.

Mais les événements se précipitent en 2011… Seuls ses amis les plus proches le savent. Pierre a dû effectuer, déjà en mars 2010, un court séjour d'une semaine dans un établissement spécialisé pour état dépressif, à Hyères, l'UAO (Unité d'accueil et d'orientation). Tout est rentré dans l'ordre, mais il va devoir suivre un traitement médicamenteux.

Sa vulnérabilité psychologique en revanche s'accroît progressivement. Des idées noires parfois obscurcissent ses pensées. Et puis il retrouve presque aussi vite une vraie joie de vivre. Surtout au contact de ses proches.

William Motti, l'autre grand copain d'Antibes et ex-décathlonien, cerne bien l'évolution :

«Il se sent mal et il ne parvient pas à savoir pourquoi. Parfois il m'appelle car il ne sait plus où il en est et je prends au plus vite l'autoroute pour le rejoindre. Je l'ai invité à un tournoi de tennis avec les Diagana, à Cagnes, en mai 2011. On a fait aussi du roller. Il était joyeux. Comme avant... »

Pas question cependant de lâcher la peinture. Au contraire. Mais au début de l'année 2011, l'accident grave à vélo de Stéphane Diagana dans une descente à 50 km/h sur une route de montagne, près de Vence, l'a complètement traumatisé. Tous les journaux télévisés ont ouvert leur JT de 20 heures, le 21 janvier, sur les circonstances de cet accident qui a failli coûter la vie à Stéphane (alors 41 ans). Victime d'un malaise hypoglycémique, il a heurté de plein fouet, dans un virage, une voiture montant en sens inverse. Le choc a été d'une rare violence. Stéphane a été transporté à demi inconscient à l'hôpital Saint-Roch de Nice. Presque défiguré, avec de multiples fractures faciales et aux membres. Pierre est accouru le soir même complètement affolé pour voir son ami. Il est alors anéanti par l'émotion !

« Il n'arrivait pas à dominer ce bouleversement et à le gérer », raconte aujourd'hui Stéphane Diagana qui a dû subir une délicate opération et la pose de deux barres titanes sous l'os frontal, puis des soins esthétiques. « Pierre a vécu cette situation, très déstabilisante pour lui, d'une manière incroyablement douloureuse, ajoute Stéphane. Et les jours suivants il a effectué sans cesse des allers et retours pour connaître l'évolution de mon état, toujours saisi par la même angoisse tout en évoquant cette fragilité de nos existences. »

Si Stéphane Diagana récupère « héroïquement » de son terrible accident, Pierre Quinon craque soudain à nouveau en mars. Il va rester un mois entier dans l'établissement de soins à Hyères, parfaitement conscient que c'est le seul moyen de lutter contre ce sentiment de solitude qui l'étreint et l'accable.

« Il fait preuve de beaucoup de courage », explique Ludivine Mogno, aide-soignante dont l'affection réconfortante le touche beaucoup.

« Pierre, ajoute-t-elle, se sent progressivement rassuré. Il est même le premier à aider, avec cette sensibilité qui le caractérise, certains patients plus en difficulté que lui. »

Avec Ludivine, ils vont continuer de se voir régulièrement. Et Pierre, dans son appartement d'Hyères, travaille passionnément sur son nouveau tableau. Son moral revient au beau fixe. Il confie même que, très prochainement, il devrait pouvoir abandonner les antidépresseurs.

Il forme d'ailleurs quelques projets sympathiques en vue des beaux jours. Deux anniversaires se profilent avec des amis très chers. Celui de Jean Galfione d'abord, début juin, puis celui de Stéphane Diagana, fin juillet. Il se fait d'autant plus une joie d'aller d'abord vers la Bretagne, retrouver Galfione, qu'il va pouvoir aussi séjourner à Nantes chez son ami de jeunesse, Éric Neyvoz : « Nous sommes comme deux frères de cœur », précise ce dernier.

Un autre voyage se dessine aussi pour lui en juillet à Sacramento, organisé par la FFA (en compagnie de Jean Gracia, le directeur général, et Marcel Ferrari, le président de la Ligue Rhône-Alpes), pour la candidature française de Lyon, aux championnats d'athlétisme vétérans de 2015.

Quand il apparaît déjà en Bretagne, en juin, personne ne discerne une quelconque perturbation chez lui. Avec Jean Galfione, si fier de son Armorique, Pierre se réjouit du programme préparé déjà dans la belle demeure du Pays bigouden, à côté de La Torche et près de la plage du Guilvinec, pour fêter les 40 ans de Jean. Celui-ci est un véritable hédoniste. Sa maison bretonne est située dans une réserve ornithologique où il a fait installer un promontoire de 7 m de haut afin d'observer à la jumelle les oiseaux ! Superbe réception avec une centaine de personnes. Des athlètes, des perchistes, des marins, des copains et Jacqueline, la femme d'Éric Tabarly.

Maurice Houvion, qui a été le coach «olympique» de Jean Galfione, mais aussi un conseiller avisé de Pierre, à un moment donné, a effectué le voyage en voiture avec son épouse. Il est ravi de retrouver Pierre Quinon : «Il a apporté un tableau pour l'offrir à Jean. Il me parle de sa passion pour la peinture. Il est heureux de faire de la voile avec Jean. Je le trouve plutôt bien moralement. Impossible alors d'imaginer que son mental puisse être à ce point atteint.»

Pierre en effet aime faire la fête. Il a besoin d'être entouré. Mais ses amis qui le connaissent bien constatent aussi que soudain il peut devenir maussade.

Pierre à la faveur de son périple breton sait qu'il ne va pas se contenter seulement de prendre le large pour bourlinguer quelques milles le long des côtes bretonnes et découvrir, grâce à Jean, le nom des îles, des phares, des petits ports. Ils ont ensemble projeté de disputer une régate très populaire, «le record SNSM», organisée chaque année depuis 2005 par la Société nationale de sauvetage en mer entre Saint-Nazaire et Sainte-Marine (Bénodet, Finistère), en aller et retour. Cette compétition très conviviale rassemble des skippers pros et des plaisanciers «éclairés». Jean Galfione qui a déjà participé en 2007 à la 32e Coupe de l'América pour le «Défi français», a engagé son *Talanta* (40 pieds), le 19 juin 2011. Au départ notamment, Loick Peyron, qui va réussir un festival avec son maxitrimaran (56 km/h de moyenne !). Fabuleuse expérience de vingt-quatre heures en mer un peu agitée pour Pierre par temps brumeux. Il s'est senti survolté dans cette ambiance unique à quatre à bord, avec la joie de tenir parfois fièrement la barre sous le regard complice de « captain John » et de l'équipage. En prime une belle récompense : la quatrième place.

Entre l'anniversaire de Jean et la régate SNSM, Pierre a profité aussi du temps libre pour rejoindre à Nantes son « ami de toujours », Éric Neyvoz. Plusieurs jours en famille avec Éric mais aussi Sylvain, le frère, les enfants Neyvoz dont Simon, le filleul de Pierre.

« Je l'ai trouvé alors dans une énergie positive, précise Éric Neyvoz. Il était venu avec une dizaine de toiles en prévision d'une exposition programmée en novembre à Nantes. Il a effectué un séjour qui l'a rasséréné. Je l'ai vu repartir gonflé à bloc. Déjà tourné vers le voyage qui approchait pour Sacramento. Nous nous sommes quittés comme d'habitude en disant : Allez : on garde le cap ! »

Direction les États-Unis à la mi-juillet avec Jean Gracia pour défendre la candidature de Lyon à l'organisation des championnats du monde vétérans de 2015. Le tandem fonctionne à merveille, pendant six jours à Sacramento. Jean Gracia est un homme particulièrement avenant et chaleureux, très apprécié par Pierre. L'opération est magistralement menée puisque le deal est bouclé pour la France et pour Lyon. Pierre est comblé… et parle même de reprendre la perche pour préparer ce Mondial des anciens !

«J'ai présenté le dossier et Pierre s'est montré aussi très convaincant, raconte Jean Gracia. Ce fut à la fois un séjour formidable, et une rencontre humaine forte pour nous deux. De retour à la fédération, nous étions d'accord avec le président Bernard Amsalem : il fallait trouver un moyen d'associer Pierre dans un rôle concernant la marche future de la FFA.»

À peine rentré des États-Unis, Pierre se prépare maintenant pour la belle fête organisée par Stéphane Diagana qui va souffler, lui, ses 42 bougies, le 23 juillet dans sa maison de Vence. Tous les amis conviés, comme Jean Galfione, vont se retrouver le lendemain du meeting Herculis de Monaco qui a vu d'ailleurs Renaud Lavillenie franchir 5,90 m. Tous se sont cotisés pour offrir une toile de Pierre à Stéphane. L'ambiance au cours de la journée a été très festive et joyeuse. En soirée, Stéphane et Odile s'esquivent pour rejoindre Avignon afin d'assister à un concert de Sting :

«Je ne peux pas l'expliquer, confie Odile Diagana, mais quand Pierre a libéré sa voiture du chemin pour que l'on puisse sortir la nôtre, et se dire au revoir, Pierre nous a serré fortement dans ses bras et j'ai eu comme un pressentiment. Je l'avais senti tellement heureux avec nous tous. J'ai ressenti une sourde inquiétude sachant que tout était devenu si compliqué pour lui...»

Marc Maury, l'animateur si connu des grands événements d'athlétisme, de tennis (Roland-Garros) et de rugby, est resté avec Pierre Quinon et ils ont discuté à n'en plus finir jusqu'au bout de la nuit dans la maison des Diagana : «Pierre m'a livré des choses intérieures très fortes, confie-t-il. Il faisait lui-même avec une justesse surprenante sa psychanalyse en revenant lucidement sur sa vie, son enfance, évoquant l'amour de ses deux fils, son sentiment intact pour Caroline, sa passion pour la peinture qu'il considérait comme un vrai refuge pour s'isoler, se retrouver. Aucun signe particulier dans son beau regard. Il ne semblait pas désorienté. Mais il répétait qu'il ne voulait plus prendre de médicaments. Qu'il n'en avait pas besoin… »

À travers les propos de Pierre et son charme mélancolique se dessine comme toujours cette sensation qu'il veut se créer son destin tout autant qu'il le subit. Et l'inquiétude s'accroît maintenant. La magie illusoire de sa passion pour la peinture risque fort de ne jamais lui permettre de négocier l'autre virage de sa vie.

20

LE PARADIS BLANC...

«Il a rencontré soudain des difficultés terribles et lutté contre son tempérament défaitiste. Il a beaucoup cherché en lui, investi aussi dans ses amitiés et ses rencontres sincères...»

MARYSE ÉWANJÉ-ÉPÉE

Tout s'est passé de manière soudaine et dramatique, en ce mercredi 17 août 2011, alors que la nuit avait envahi doucement Hyères, belle «ville aux palmiers», à l'ambiance ensoleillée, si prisée des Britanniques depuis que la reine Victoria y avait séjourné autrefois.

Il était environ 22 heures quand Pierre s'en est allé pour toujours vers ce pays lointain, sans route, ni chemin, ce «paradis blanc», comme le fredonnait Michel Berger, «où les nuits sont si longues qu'on en oublie le temps comme dans les rêves d'enfant». Pierre, pris d'un désespoir irrémédiable, est parti vers ce monde si mystérieux où règne le silence, où le jour rencontre la nuit, où la «clarté du petit matin», qui seule donne le sens de l'éternité, ne réapparaîtra plus. Il l'avait lui-même suggéré dans un étonnant poème prémonitoire : *Le petit matin.* Il s'était persuadé tout à coup que la vraie vie était ailleurs... Et c'est bien à la tombée de la nuit qu'il a choisi de partir.

Pierre, l'admirable champion olympique qui aimait tant s'envoler vers le ciel avec sa perche, a choisi paradoxalement le sens inverse pour quitter sans vertige le monde des humains : saut dans le vide, vers le sol. Une chute brutale et fatale d'une hauteur presque comparable à celle qu'il franchissait du temps de sa splendeur. C'était le pari insensé né d'un désespoir trop grand qui justifiait cette fin à ses yeux... Il s'était égaré définitivement au cœur de cette incertitude existentielle qui fait que l'homme – peut-être bien tout perchiste – hésite toujours entre la légèreté de son être et la pesanteur qui risque de nuire à tous les élans du cœur. Porter son destin c'est peut-être aussi, comme le disait Kundera, «assumer des choix sans pouvoir cependant échapper au hasard». Hasard glorieux d'une admirable réussite olympique pour Pierre. Hasard malheureux d'une vie rapidement moins radieuse que prévu et même parfois tourmentée, celle que peut connaître déjà tout champion consacré quittant les joies célestes du stade pour passer brusquement, comme le disait Guillaume Apollinaire, «De la belle aube au triste soir[1]».

1. Titre d'un ouvrage de Christian Montaignac (Ed. JC Lattès).

Pierre et son visage d'ange, Pierre le champion conquérant dont on avait tellement admiré la force de caractère, le feeling dans l'espace, la volonté de vaincre, d'aller toujours plus haut, n'a pu hélas échapper au désespoir qui le rongeait insidieusement depuis quelques mois avant de le submerger. Toujours en quête d'absolu, il s'était beaucoup posé de questions sur le sens de la vie, de sa vie! Il avait dû trop souvent tenter de balayer ses anxiétés chroniques...

Le mercredi 17 août 2011, il était près de 22 heures, quand Pierre s'est jeté du premier étage d'une grande terrasse surplombant de très haut le perron d'un établissement magnifique et célèbre à Hyères, l'ex-«Grand Hôtel des Îles d'Or». C'est en ces lieux justement que descendait autrefois la suite de la reine Victoria. C'est aussi là que se trouve l'appartement de Ludivine Mogno, son amie intime, qui tentait depuis le début de la soirée d'apaiser une souffrance morale devenue extrême. Pierre avait 49 ans. Il avait quitté sa femme Caroline depuis plusieurs mois, sans jamais totalement s'éloigner d'elle. Ses deux fils Robin et Jean-Baptiste, qu'il voyait constamment, avaient 24 et 18 ans...

Quand cette nouvelle trop cruelle a parcouru les ondes médiatiques, en fin de matinée, le jeudi, c'est la stupeur, une immense tristesse, l'incrédulité, un véritable état de choc...

L'Équipe a consacré, le vendredi 19 août, toute sa une à l'événement tragique qui plongeait douloureusement dans le deuil sa famille comme celle du sport français : «LA PERCHE BRISÉE» et une double page intérieure titrée «PIERRE QUINON, UN ANGE EST PASSÉ».

Comment parvenir à structurer en effet dans son esprit l'image ancienne et triomphante d'un champion beau comme un Dieu, l'image d'un être aussi brillant, sensible et attachant, oui, comment l'accorder avec cette autre image si violente et insoutenable du drame ?

« Il est mort d'un saut à l'envers, lui que sa perche propulsait au-delà des mortels, a écrit Claude Askolovitch dans *Le Point*. Et l'on s'étonne de ne pas être surpris, mais on ne sait rien, juste ceci : le prix de Pierre Quinon, c'est la vie et tout ce qu'on y trouve, ou pas : la nourrir de sentiments et de sensations, chercher un sens, subir ses moindres frémissements. »

Bien sûr, il y avait eu quelques alertes les mois précédents quand Pierre est entré dans une instabilité psychologique chronique plus insistante.

Un jour dans une correspondance à Caroline Bocquet, l'amie peintre et ex-perchiste, vivant dans la région parisienne, il avait fait cette étrange confidence comparant le vol d'un perchiste à celui en plein ciel autrefois de l'aviateur Antoine de Saint-Exupéry, qu'il admirait tout comme Jean-Claude Killy : « Il était en lutte perpétuelle contre l'attraction terrestre et tutoyait les anges jusqu'au sublime de l'imaginaire », avait-il écrit. « Mais attention, précisait-il. Le plancher aussi ça rassure ! Sauf que tu crois au destin, aux signes, aux coïncidences ou aux hasards. Comme Nicolas de Staël, tout cela me préoccupe en ce moment. Je vais faire attention... »

Rêveur, idéaliste, la tête dans les étoiles : c'est l'impression qu'il donnait souvent dès qu'on l'a vu apparaître à 19 ans dans le circuit de la haute compétition à Colombes. Mais tant de doutes assaillaient ses pensées...

La dernière journée de vie de Pierre, le 17 août 2011, a été celle d'une grande douleur morale. Il avait arrêté de prendre ses médicaments. La veille déjà, en fin de journée, il ne se sentait pas bien, mais Gérard Serre, son ami peintre qui l'avait hébergé deux ans, aux Salins d'Hyères, n'a rien décelé en milieu de journée. Ils ont déjeuné tranquillement dans une brasserie, avenue du Général-de-Gaulle, à Hyères :

«On a pris une salade et passé deux heures agréables à deviser. Il était dans son état habituel c'est-à-dire en questionnement permanent, à propos de tout. Classique chez lui. Aucun signe inquiétant. Il parlait aussi de ses projets de voyage et d'expos pour ses toiles. Je n'ai rien vu venir...»

Mais la journée du mercredi s'est avérée violente.

Ludivine Mogno, qui lui avait réappris à vivre, à retrouver une certaine énergie depuis son séjour hospitalier en février, raconte :

«Il était revenu fin juillet de son voyage à Sacramento en pleine forme. Il disait qu'il avait renoué avec le milieu de l'athlétisme avec un plaisir infini. Et il était heureux de reprendre sa peinture. Il avait réaménagé son appartement. Mais à nouveau il a été dévasté par ce sentiment de solitude qui l'étreignait parfois. Il ne voulait pas en parler. Et dans ce cas, il fermait son portable...

«Dès le mardi soir, je l'ai vu s'endormir dans le canapé et j'ai pensé que ce n'était pas bon signe. Tout s'est enchaîné le mercredi. J'avais prévu d'aller voir dans l'après-midi mes parents avec ma petite fille, précise Ludivine Mogno. On s'est téléphoné avec Pierre le matin. Il avait dormi chez lui. Nous devions nous retrouver dans la soirée en bord de plage. Mais il m'a prévenue dans l'après-midi qu'il était trop fatigué. Il a eu un contact téléphonique avec mon père qu'il aimait beaucoup. Celui-ci m'a dit alors : "J'ai peur !"

« J'ai compris que Pierre, désorienté, avait bu. J'ai prévenu une collègue infirmière pour qu'on fasse venir des ambulanciers à son domicile. Mais il ne leur a pas répondu au téléphone. Alors, je me suis précipitée chez lui. Il pleurait assis par terre dans la cuisine. J'ai appelé Caroline sa femme pour lui dire de ne pas s'inquiéter et qu'on allait partir chez moi, avenue des Îles-d'Or. Il était environ 19 heures. Pierre paraissait épuisé, désespéré…

«J'ai pensé qu'en prenant un bain il pourrait se calmer, se détendre et reprendre ses esprits. De fait il s'est mis à aller mieux. Il s'est reposé. La nuit était tombée. Mais il semblait encore exténué. Il a voulu regarder le ciel étoilé sur la terrasse. Il m'a dit étrangement : "J'ai fait du mal autour de moi. Je ne m'en remettrai jamais…" Je lui ai proposé de préparer une salade niçoise, son plat préféré. J'étais dans la cuisine. C'est alors que j'ai entendu soudain un grand bruit venant de la terrasse. J'ai hélas compris qu'il s'était jeté… Après ce fut l'affolement. Pierre était inerte, inanimé en dessous dans un escalier. La scène s'était produite en un éclair sous le regard effaré d'un voisin dînant sur son balcon. Le SAMU est vite arrivé. Pierre, malheureusement, n'a jamais pu être ranimé…»

Véritable cauchemar pour tous les siens saisis d'effroi et dans l'incapacité de réaliser comment et pourquoi cet acte de folie avait pu se produire. Certains le redoutaient…

Jean-Claude Perrin, effondré, a dit immédiatement : «Pierre était un type d'absolu. Il sautait d'une manière absolue totale.

Dans la vie il était aussi dans la recherche constante d'autres absolus. J'ai peur que nous n'ayons pu lui apporter ce qu'il attendait. Là est la faillite de nos systèmes...»

L'explication médicale a immédiatement conclu au «raptus suicidaire», ce moment impulsif et autodestructeur, à la fois soudain, imprévisible, irréfléchi, incontrôlable, qui survient au moment précis où il n'y a plus de choix...

Odile Diagana avait perçu le péril auquel Pierre était exposé à cause de sa fragilité psychologique. «Au retour d'Atlanta en 1996, où il avait été tellement heureux de venir se replonger avec nous dans l'ambiance des jeux Olympiques, j'ai été surprise d'apprendre par Caroline, sa femme, qu'il avait subi un choc extrêmement déstabilisant. Tout lui était revenu à l'esprit avec sa conquête de la médaille d'or de Los Angeles. Cela l'avait rendu malade... Mais cet état dépressif était-il réellement consécutif à ce retour vers l'époque de son exploit olympique? Ensuite, il y a eu d'autres épisodes préoccupants. J'ai pensé à la bipolarité qui peut faire passer par des moments d'euphorie et des états dépressifs mais dont la cohérence du diagnostic ne peut intervenir que très tardivement. Pierre a cru que la peinture l'aiderait. Il s'est enfermé dans cet univers... Parfois il voulait s'isoler complètement et même disparaître des journées entières. Il avait consulté un psychiatre. Ce dernier avait écarté l'éventualité de soins dans une clinique spécialisée dans la bipolarité, à Marseille.»

Concernant l'hypothèse du grand désarroi qui peut s'emparer de tout champion, une fois sa carrière achevée, le psychologue clinicien de Pontoise, Patrick Bauche, interviewé par Guillaume Rathelot, pour *Var Matin*, s'est exprimé nettement peu après la disparition de Pierre : «Il a sa médaille à 22 ans, et à 26 on lui dit qu'il est à la retraite alors que la vie, elle, commence!»

Patrick Bauche a évoqué alors «cette panne de rêve» qui menace tout champion qui a vécu des émotions intenses et uniques : «Le monde s'effondre, précise-t-il, et il se retrouve devant un vide béant, perdu et vulnérable.» Il ajoute : «L'athlète existe à travers l'acte sportif extraordinaire. Quand il ne peut plus l'accomplir, il n'a plus d'identité.» Patrick Bauche estime en conséquence que tout sportif de très haut niveau devrait bénéficier dans son staff technique de «l'accompagnement léger d'un psychologue» qui sera bénéfique non seulement pendant mais aussi lors de sa sortie de carrière. Il considère même que chez certains l'aide s'avère totalement indispensable.

Toutefois, aucune piste satisfaisante ne pourrait être retenue pour tenter de cerner la portée d'un «acte aussi définitif» comme le souligne Stefan Lhermitte, grand reporter à *L'Équipe Magazine*. Alors qu'il était jeune journaliste, il avait plusieurs fois côtoyé Pierre Quinon. Avec Jean-Christophe Collin, Stefan Lhermitte a réalisé un émouvant document publié dans *L'Équipe Mag* en novembre 2011, trois mois après la disparition de Pierre («Le prince foudroyé»).

«Pierre Quinon avait une exigence extrême dans tout ce qu'il entreprenait, précise-t-il aujourd'hui. Pierre visait toujours très haut dans ses rapports humains, comme dans le sport ou dans son investissement artistique. Ce n'était pas facile à vivre. En réalité, il ne faisait pas les choses simplement. Il se demandait toujours pourquoi. C'était très lourd à porter. Pierre finalement ne passait pas sa vie en contemplatif. On le sentait "particulier" au premier regard.»

Maryse Éwanjé-Épée, longtemps recordwoman de France de la hauteur (1,96m en 1985!), brillante quatrième de la hauteur aux JO de Los Angeles en 1984, aujourd'hui mère de quatre enfants et animatrice populaire sur RMC et Canal +, utilise cette belle formule pour décrire Pierre qu'elle a connu dès l'âge de 15 ans dans les compétitions juniors :

«Il était un "veilleur" qui avait tendance à s'oublier tant il était tourné constamment vers les autres. Une semaine avant sa disparition il m'envoyait encore un message comme il l'avait fait de multiples fois par le passé quand on ne se voyait pas, ou qu'on ne se téléphonait pas. Il n'a jamais cessé de veiller sur moi et surtout quand j'avais mes propres soucis. J'avais bien réalisé qu'il avait aussi un amour inconditionnel pour son sport. Il voulait tout lui donner. Mais il recherchait en même temps une vérité et une pureté que le sport ne pouvait peut-être pas lui offrir. Pourtant, il était épanoui sur les stades. Je me souviens qu'un soir de meeting, à Londres, après les compétitions, il avait voulu qu'on retourne ensemble, avec une Austin Cooper, en pleine nuit, au stade de Crystal Palace, pour palper d'autres sensations et discuter sans fin près des sautoirs et devant des gradins vides. Il cherchait toujours à saisir la force symbolique du sport avec ce qu'il peut avoir de meilleur sans négliger le pire. Il voulait toujours donner le maximum de lui-même tout en refusant la notoriété. Il a rencontré soudain des difficultés terribles et lutté contre son tempérament défaitiste. Il a beaucoup cherché en lui, investi aussi dans ses amitiés et ses rencontres sincères. Pour lui, le sens des autres allait tellement au-delà de la profondeur du regard qu'il portait sur nous...»

Comme à Maryse Éwanjé-Épée, Pierre dans les dix jours précédant sa disparition a curieusement envoyé des petits messages ou des textos à quelques intimes. Ils pouvaient correspondre à un au revoir. Stéphane et Odile Diagana étaient revenus de leurs vacances au Croisic et ils n'avaient pas encore dépouillé tout leur courrier à Vence, lorsqu'ils ont ainsi découvert une carte représentant une fleur à cinq pétales blancs peinte sur fond moiré rouge, expédiée par Pierre juste avant sa disparition. Il les remerciait curieusement pour «leur attention particulière». Le contenu bref de cette carte ressemblait fort à un appel : «J'ai hâte de vous voir.» Ils ont tout réalisé, hélas... trop tard!

«Il n'était pas un champion comme les autres, a confié son ami Éric Neyvoz, convaincu que Pierre n'est pas passé totalement à côté d'une vie heureuse, malgré tout. Toujours en quête de repères, il était capable d'aller à l'autre bout de la terre pour tout comprendre. Sincèrement, je crois qu'il a quand même parcouru beaucoup de chemin dans cette vie écourtée.»

Une vie abrégée, certes, mais une vie souvent lumineuse aussi. Elle l'a vu toucher les étoiles avant que la plus belle d'entre elles ne s'évanouisse, en ce 17 août 2011, dans un long silence et l'ombre de l'éternité.

21

QUE LA FLAMME DEMEURE

« Ne meurent véritablement
que ceux dont on ne parle plus. »

MAX GALLO

Héros olympique un jour, héros de la France toujours…

Pierre Quinon incarnait trop bien la légende d'un champion unique et venu d'ailleurs, doublée de celle d'un athlète au destin à la fois exceptionnel et imprévisible. Mais comment imaginer qu'il prendrait un jour ce chemin inattendu pour gagner un autre univers, laissant tous les siens dans la même détresse ?

En ce mardi 23 août 2011, le parvis de la mairie de Bormes-les-Mimosas, aux couleurs de l'été, est inondé d'une lumière trop éblouissante qui sous le soleil implacable rend encore plus violent le bleu-blanc-rouge du drap funéraire recouvrant le cercueil exposé juste devant l'édifice communal.

Sur le fronton de la mairie ont été disposés deux immenses posters rappelant l'exploit de Pierre, à Los Angeles, en 1984. Le cercueil enveloppé de tricolore et ces deux posters géants soulignent puissamment la réussite lumineuse d'un champion qui, en gagnant l'azur et en côtoyant les cimes olympiques, est entré dans l'histoire tout en honorant glorieusement son pays. D'ailleurs, a été posé sur le cercueil, un coussin gris-bleu, entouré d'un galon festonné jaune sur lequel brillent deux médailles épinglées avec leur ruban. Associées dans le même symbole : la médaille d'or des JO 1984 et la Légion d'honneur remise à Bordeaux par Jacques Chaban-Delmas. Et parmi toutes les gerbes de fleurs, celle du président de la République, Nicolas Sarkozy, témoigne aussi clairement de la reconnaissance de la nation.

En ce mardi de deuil pour tout le sport français, près de 200 personnes se sont rassemblées ainsi dans le même chagrin pour un dernier adieu à Pierre. Il est 14 heures. C'est l'heure d'un hommage public et émouvant décidé par Albert Vatinet, maire de Bormes-les-Mimosas, en présence de la famille de Pierre, et nombre de ses amis. Dans deux jours l'équipe de France d'athlétisme s'envolera de Roissy pour les championnats du monde à Daegu, en Corée du Sud, et Bernard Amsalem, le président de la FFA, a d'ores et déjà annoncé que les athlètes porteront un crêpe noir sur leurs uniformes et sur leur maillot le jour des compétitions.

Réunis sur la place de la mairie, au premier rang : Jeanine Quinon, la maman de Pierre, Caroline Large-Quinon, son ex-épouse, Robin et Jean-Baptiste, leurs deux fils, Isabelle, sa sœur, venue de Saint-Martin des Antilles. Auprès d'eux, les amis les plus chers et tous ceux du sport et de la peinture parmi lesquels Stéphane et Odile Diagana, William Motti, Jean-Claude Perrin, Thierry Vigneron, Georges Martin, Éric Neyvoz, Philippe Riboud, Maryse et Monique Éwanjé-Épée, Christian Plaziat, Alain Blondel, Jean-François Baldé, Alain Behm, Aubin Hueber, Nathalie Lelièvre, Ludivine Mogno, Caroline Bocquet, Gérard Serre… Bloqué à Brest, Jean Galfione n'a malheureusement pu prendre l'avion. Il a transmis ce message où il évoque «la voie de la destinée» que Pierre a ouverte à tous ses jeunes successeurs de la perche française. Jean Galfione, devenu lui-même champion olympique de la perche, à Atlanta, douze ans après (1996), confiera aussi à Jean-Denis Coquard de *L'Équipe* :

«Quand il a gagné son titre olympique en 1984, il respirait la fraîcheur, la jeunesse, le rêve. Sur les images de Los Angeles, il était comme un ange. Il m'a poussé à pratiquer la perche. Au-delà de son geste technique et sportif impressionnant, c'était un athlète qui donnait envie. C'était aussi un artiste qui allait là où le dirigeaient ses émotions, son ressenti.»

Tous ses amis perchistes des années 1980 savaient que Pierre était singulier, épris de liberté. Cela contribuait à son charme. «Quand on considère sa réussite fulgurante en trois ans on se dit aussi que c'est totalement atypique, mais aussi conforme à sa personnalité», souligne Philippe Collet.

Atypique aussi l'épisode de la rôtisserie – une affaire reprise aujourd'hui par Robin, son fils – qui a été évoqué notamment par Philippe Houvion, interviewé par Nicolas Herbelot : «La liberté l'animait avant tout... quitte à sacrifier sa grandeur.»

Thierry Vigneron, le multiple recordman du monde de la perche, dont Pierre fut aussi le grand rival, a eu beaucoup de mal à supporter la disparition de son copain du Racing :

«Pierre était un être à part qui voulait vivre à 150 à l'heure. Je l'ai connu tout jeune dans l'excès déjà quand il voulait foncer sur sa moto à Colombes. Je pensais que s'il y avait excès chez lui cela aussi pouvait provenir d'une fragilité. Quand Caroline, sa future femme, est venue le rejoindre à Colombes, ils avaient à peine 20 ans, mais il a trouvé, grâce à elle, un meilleur équilibre pour construire sa vie. Je savais cependant qu'il était capable de tout : devenir recordman du monde et champion olympique ou déraper mais dans le bon sens du terme. À Los Angeles, il est arrivé dans la finale olympique en se disant : "Ça passe ou ça casse." Prise de risque totale... et l'or au bout ! Il avait 22 ans. N'a-t-il pas touché le Graal trop rapidement. Peu importe : il l'a touché !»

Très ému également, Jean-Claude Perrin a beaucoup évoqué cet «absolu» qui personnifiait tant Pierre Quinon : «Bien sûr, il y a eu Los Angeles et toutes les grandes compétitions où il a brillé, des souvenirs exceptionnels, mais je garde toujours en mémoire, aussi, l'image du petit gars aux cheveux bouclés que j'avais découvert pour la première fois dans une compétition de jeunes du côté de Lyon. Il captait déjà l'attention. Il était différent. Il possédait déjà cette explosivité en lui.»

Témoignage aussi très sensible que celui donné dans *L'Équipe* par Romain Mesnil, le vice-champion du monde de la perche 2007 et 2009 : «Pierre était le champion olympique par excellence : pur, alliant panache et esthétique. Au-delà du perchiste, j'aimais l'homme simple, abordable et artiste. On le sentait dans sa personnalité, sa façon de partager, sa manière de sauter aussi en mettant tout ce qu'il avait dans le ventre. Avant les JO d'Athènes, en 2004, il était venu me conseiller à Bordeaux… et pour s'amuser il m'avait fait apprendre par cœur tous les noms des perchistes champions olympiques ! Ce qu'il a vécu, ça faisait rêver dans une époque incroyable. »

Georges Martin qui l'entraînait régulièrement à Colombes dans le team Perrin était effondré également : « J'habite aujourd'hui la maison de Camblanes près de Bordeaux qu'il avait louée autrefois avant de partir vers Hyères, Le Lavandou et Bormes-les-Mimosas. Je l'aimais comme un fils. Tant de souvenirs magnifiques avec lui et ce bonheur d'avoir été le coach d'un garçon adorable devenu champion de France, recordman du monde et champion olympique. Nous avons tellement partagé, ensemble, pendant des années. »

Au cours de l'hommage sur la place de la mairie de Bormes-les-Mimosas – où travaille Caroline Large-Quinon – le maire, Albert Vatinet, a évoqué « le regard franc, direct et loyal de Pierre qui était le reflet de son âme ». Il a ajouté « que Pierre avait rejoint les étoiles au sommet de l'Olympe » et annoncé le jour même que le gymnase de la ville porterait son nom. Stéphane Diagana avait les larmes aux yeux, et la voix cassée au moment de lire le message de Jean Galfione puis d'exprimer sa grande peine : « Tu étais un esthète de la vie et on aimait la beauté de ton âme. Je ne ressens pas ton départ comme un abandon. »

Il a lu aussi le message de Caroline, sa femme, évoquant «un être sensible, généreux, épris de liberté, idéaliste». Et puis le cortège s'est mis en mouvement vers l'église Saint-Trophyme pour une célébration religieuse où le père Fernand Lopez, dans son homélie, a expliqué que «Pierre s'était longtemps battu contre le découragement et aspirait à la paix». Il a ajouté : «Il convient maintenant de l'accompagner dans la prière.»

Robin Quinon, le fils aîné de Pierre, dévasté par l'émotion, a voulu saluer aussi la mémoire de son père : «Héros de ma vie, a-t-il dit. Tu as fait le dernier saut. Le saut ultime. Partir, c'est mourir un peu pour mieux ressusciter.»

Dans l'église, la douce musique mélancolique du succès de Robbie Williams, *Angels*, avait accompagné la cérémonie des adieux : «Quand ma douleur va à sens unique, je lève les yeux au ciel et je sais que grâce à l'amour, je serai béni à jamais», dit la chanson...

Pierre a été inhumé en fin d'après-midi au cimetière de Bormes-les-Mimosas. Ses cendres ont été déposées dans le caveau familial.

Et puis les lueurs du couchant ont gagné l'horizon et la douceur de la nuit s'est emparée bientôt de la ville. Mais déjà, «l'ange de Los Angeles», cherchant le salut, avait déployé ses ailes et pris définitivement la route du paradis. La mer, au loin, si loin, avait pris des «reflets changeants», presque des reflets... d'or.

ÉPILOGUE

RENAUD LAVILLENIE : « L'HOMME DE LONDRES »

C'est une image très drôle que le dessinateur Bernard Chenez a fignolée joliment pour immortaliser Renaud Lavillenie dans *L'Équipe* au lendemain du troisième triomphe olympique français à la perche, en trente ans. Chenez a tout simplement représenté le Clermontois (1,76 m – 70 kg) en petit lutin ailé qui plane au-dessus de la Tour de Londres à la manière de Peter Pan. Bien vu pour symboliser le raid parfait et audacieux de Renaud sur l'Angleterre, le 10 août 2012. Pierre Quinon et Jean Galfione ne s'étaient donc pas trompés. Ils le considéraient, depuis ses 6,01 m à Leiria, en 2009, comme un solide successeur.

Rien n'était joué, cependant, pour Renaud, lorsqu'il a vu ses rivaux allemands, Björn Otto et Raphael Holzdeppe, franchir 5,91 m au premier essai. Mais il a réussi un magistral «saut de l'ange» à 5,97 m. Ultime tentative, pour signer le V de la victoire dans le ciel londonien. Et toute la France avec lui a sauté de joie!

Très amusant aussi, ce petit clin d'œil de l'histoire, quand pour la cérémonie du podium, on a vu se présenter tout en courbettes pour saluer l'exploit de Renaud... le «tsar» Sergueï Bubka, affichant la cinquantaine distinguée et tout le sérieux d'un vice-président de l'IAAF. Le rival historique des perchistes français, l'homme qui avait torpillé méthodiquement bien des rêves formés par la génération Vigneron-Quinon, était donc là pour rendre hommage à toute la famille de la perche française. Il a même adressé ce message paternaliste à Renaud : «Maintenant que tu es champion olympique, continue d'être un grand homme et digne de ce rang.»

Message reçu! L'idée pourrait venir à Renaud Lavillenie de prendre en effet, bientôt, un peu plus d'altitude et de «taquiner le Bon Dieu» autour des 6,15 m!

Annexes

PIERRE QUINON

Né le 20 février 1962 à Lyon. Décédé le 17 août 2011, à Hyères.

1,80 m, 73 kg

Clubs : Rhodia Club Péage-de-Roussillon (1976-1981) – Racing CF (1982-1989) – Stade Bordelais UC (1990-1992) – Avenir du Lavandou (1995).

Entraîneurs : Henri Quinon (père) – Louis Fabiani (Salon-de-Provence) – Georges Martin et Jean-Claude Perrin (Colombes) puis Georges Martin (Bordeaux).

Palmarès : 1979 : champion de France cadets – 1981 : 2e championnats d'Europe juniors (Utrecht), classé 3e junior mondial – 1982 : champion de France seniors, 12e aux championnats d'Europe à Athènes – 1983 : champion de France seniors, non classé au Mondial d'Helsinki, record du monde (et de France) à Cologne avec 5,82 m, classé 2e perchiste mondial – 1984 : 2e aux championnats d'Europe en salle à Göteborg, champion de France seniors, champion olympique à Los Angeles. 1985 : record personnel porté à 5,90 m.

Progression : 1976 (14 ans) : 3,40 m – 1977 (15 ans) : 3,90 m – 1978 (16 ans) : 4,50 m – 1979 (17 ans) : 5 m – 1980 (18 ans) : 5 m – 1981 (19 ans) : 5,50 m – 1982 (20 ans) : 5,70 m – 1983 (21 ans) : 5,82 m (record du monde) – 1984 (22 ans) : 5,80 m – 1985 (23 ans) : 5,90 m (record personnel).

Période des premières blessures et opérations : 1986 (24 ans) : 5,72 m (salle), 5,70 m (plein air) – 1987 (25 ans) : 5,70 m – 1988 (26 ans) : 5,70 m mais rate de peu la sélection pour les JO de Séoul – 1989 (27 ans) : 5,40 m – 1990 (28 ans) : 5,50 m – 1991 (29 ans) : 5,70 m (en salle), 5,55 m en plein air. 1992 (30 ans) : 5,20 m. Pas de compétition en 1993 et 1994. Un saut sans entraînement à 5 m à La Garde près de Toulon, en juin 1995.

LES FRANÇAIS CHAMPIONS OLYMPIQUES EN ATHLÉTISME

1900 (Paris)	Michel THÉATO (marathon)
1920 (Anvers)	Joseph GUILLEMOT (5 000 m)
1928 (Amsterdam)	Boughera EL-OUAFI (marathon)
1948 (Londres)	Micheline OSTERMEYER (poids, disque)
1956 (Melbourne)	Alain MIMOUN (marathon)
1968 (Mexico)	Colette BESSON (400 m)
1976 (Montréal)	Guy DRUT (110 m haies)
1984 (Los Angeles)	Pierre QUINON (perche)
1992 (Barcelone)	Marie-José PÉREC (400 m)
1996 (Atlanta)	Jean GALFIONE (perche)
	Marie-José PÉREC (200 m, 400 m)
2012 (Londres)	Renaud LAVILLENIE (perche)

Soit 14 titres olympiques pour 11 athlètes (3 pour Marie-José Pérec et 2 pour Micheline Ostermeyer). À noter 3 titres à la perche au cours des trente dernières années, 3 titres au marathon depuis les premiers JO d'Athènes en 1896.

LES GRANDES DATES DE LA PERCHE FRANÇAISE

1892 – Maurice Rousseau (SF), premier champion et recordman de France de l'Histoire avec une perche en bambou : 2,41 m.

1898 – Émile Gontier (UAA), premier à 3 m.

1904 – Fernand Gonder (SAB), avec une perche en frêne, égale le record du monde à la Croix-Catelan : 3,69 m. Mais pas de délégation tricolore aux JO de Saint-Louis.

1905 – Fernand Gonder porte le record du monde à 3,74 m à Gradignan. Il remportera en 2006 la médaille des JO officieux d'Athènes.

1931 – Pierre Ramadier (RCF), premier à 4 m avec 4,07 m.

1934 – Pierre Ramadier, premier perchiste français médaillé (bronze) aux championnats d'Europe à Turin.

1948 – Victor Sillon (BUC et RCF) va participer trois fois aux JO (1948-1956-1960) avec la perche métallique. Huit titres nationaux et dix-huit records de France de 1948 à 1960), de 4,09 m à 4,41 m.

1962 – Maurice Houvion (EST) s'empare du record de France avec 4,495 m et l'amène à 4,87 m en 1963 avec la nouvelle perche en fibre de verre. Futur «doctrinaire» de la perche nationale. Jean-Claude Perrin crée son école de perche au Racing.

1965 – Hervé d'Encausse (ASM) s'empare du record de France avec 4,90 m (fibre de verre), médaille de bronze européenne et premier à 5 m en 1966.

1966 – Maurice Houvion, nommé entraîneur national de perche, diffuse sa doctrine et met en place son système (jusqu'en 2000).

1967 – Hervé d'Encausse (ASM), recordman d'Europe avec 5,28 m.

1968 – Nouveau record d'Europe pour Hervé d'Encausse avec 5,37 m (à 1 cm du record mondial). 7e aux JO de Mexico.

1970 – François Tracanelli (ESVC), recordman du monde juniors avec 5,40 m, champion d'Europe juniors, champion d'Europe en salle.

1972 – François Tracanelli, 8e aux JO de Munich 1972 et bientôt double champion du monde universitaire (1973-1975).

1976 – Patrick Abada manque de peu le podium olympique à Montréal : 4e, à 5 cm du vainqueur Slusarski (Pol), 5,50 m.

1977 – François Tracanelli (ESVC), premier à 5,50 m.

1978 – Philippe Houvion, champion de France, quinze ans après son père.

1979 – Philippe Houvion, cinq records de France de 5,55 m à 5,65 m (égalé par Patrick Abada). Thierry Vigneron, record du monde juniors à 5,61 m.

1980 – Thierry Vigneron bat le record du monde le 1er juin à Colombes avec 5,75 m et l'égale le 29 juin à Villeneuve-d'Ascq.

1980 – Wladislaw Kozakiewicz, champion olympique à Moscou, avec 5,78 m (record), P. Houvion 4e avec 5,65 m, Bellot 5e avec 5,60 m, Vigneron 7e avec 5,45 m.

1981 – Thierry Vigneron, record du monde en salle à Lyon (5,70 m), champion d'Europe en salle à Grenoble. Il bat le record mondial en plein air le 20 juin à Mâcon avec 5,80 m. J.-M. Bellot, victorieux en Coupe d'Europe.

1982 – Pierre Quinon, 20 ans, affirme son talent : champion de France. Vigneron 5e, Quinon 12e aux championnats d'Europe, à Athènes.

1983 – Surprise au premier Mondial à Helsinki, Sergueï Bubka, 20 ans, se révèle : victoire avec 5,70 m. Abada 6e, Vigneron 8e… et Quinon 0 !

1983 – Pierre Quinon, le 28 août, bat à Cologne le record du monde (Polyakov 5,81 m) avec 5,82 m. Il tente le premier les 6 m… pour voir !

1983 – Thierry Vigneron, le 1er septembre, bat le record du monde de Quinon, à Rome : 5,83 m.

1984 – Thierry Vigneron s'empare du record du monde en salle et du titre européen, à Göteborg, avec 5,85 m, et devance Quinon 5,75 m. Avant les JO, Bubka s'offre déjà trois records du monde en plein air : 5,85 m, 5,88 m et 5,90 m.

1984 – Couronnement de Pierre Quinon, champion olympique à Los Angeles, le 8 août, avec 5,75 m au premier essai. Il devance Tully (EU) 5,65 m. Bronze pour Thierry Vigneron et Earl Bell (EU) avec 5,60 m.

1984 – À Rome, Thierry Vigneron ravit à Bubka le record du monde avec 5,91 m. Il est 22 h 40. Dix minutes après, Bubka passe 5,94 m. Son règne dure depuis trente ans avec 35 records plein air et salle !

1985 – Mondiaux en salle à Bercy : Vigneron 2e. Sergueï Bubka est le premier au monde à réussir les 6 m, le 13 juillet au meeting BNP de Jean-Bouin à Paris. Pierre Quinon le défie au Nikaia à Nice, trois jours après : 5,90 m record personnel…

mais Bubka passe 5,95 m. Philippe Collet est 2e de la Coupe du monde, à Canberra... derrière Bubka.

1986 – Pierre Quinon se blesse le 2 juillet à Nice en s'entraînant. Début des ennuis et opérations. Philippe Collet prend le bronze aux championnats d'Europe à Stuttgart, derrière les frères Bubka.

1987 – Ferenc Salbert impressionne dès l'hiver avec ses 5,90 m au Masters de Grenoble (où il tente 6,05 m !). Thierry Vigneron champion d'Europe en salle à Liévin. Au premier Mondial en salle à Indianapolis, Vigneron est 3e avec 5,80 m et Salbert 4e avec 5,80 m. Au Mondial de Rome, Vigneron est 2e derrière... Bubka.

1988 – Aux JO de Séoul, Thierry Vigneron, et Philippe Collet sont 5es avec 5,70 m et Philippe d'Encausse 8e avec 5,60 m. Pierre Quinon a raté de peu sa qualification aux championnats de France.

1989 – Philippe Collet, victorieux en Coupe du monde à Barcelone.

1990 – Philippe Collet passe 5,94 m en salle à Grenoble. Jean Galfione est champion du monde juniors à Plovdiv.

1991 – Mondial de Tokyo : Vigneron 8e, Galfione 10e, Collet 12e.

1992 – Philippe Collet, 7e aux JO de Barcelone et Jean Galfione (novice) 13e.

1993 – Jean Galfione, 3e du Mondial en salle à Toronto. Il s'empare du record de France de Vigneron à Reims, le 30 juin avec 5,92 m, puis réussit 5,93 m le 25 juillet à Annecy.

1994 – Jean Galfione, 2e aux championnats d'Europe en salle, 3e aux championnats d'Europe à Helsinki, 2e en Coupe du monde. Record de France à 5,94 m, à Dijon.

1995 – Jean Galfione, 3e avec 5,86 m au Mondial à Göteborg, derrière Bubka et Tarassov.

1996 – Jean Galfione est champion olympique à Atlanta avec 5,92 m, douze ans après Pierre Quinon.

1997 – Nouveau perchiste français au sommet : Alain Andji avec 5,85 m.

1998 – Record de France à 5,97 m pour Jean Galfione, à Athènes (il a tenté 6,04 m). 3e des championnats d'Europe, à Budapest.

1999 – Jean Galfione, champion du monde en salle. Il est le premier Français à 6 m, à Maebashi, le 6 mars ! Il porte le record de France (plein air) à 5,98 m, à Amiens. Romain Mesnil, 22 ans, s'affirme : champion d'Europe espoirs avec 5,93 m à Göteborg.

2001 – Romain Mesnil, 3e du Mondial en salle à Lisbonne, 5e au Mondial en plein air à Edmonton.

2003 – Romain Mesnil, meilleur performer mondial de l'année avec 5,95 m réussis le 6 août à Castres. Vainqueur en Coupe d'Europe.

2004 – Vanessa Boslak est la première perchiste française finaliste aux JO : 6e avec 4,40 m à Athènes.

2006 – Romain Mesnil, 2e des championnats d'Europe à Göteborg.

2007 – Médaille d'argent de Mesnil au Mondial à Osaka (5,86 m, même barre que Brad Walker 1er).

2008 – Jérôme Clavier, 4e avec 5,75 m, au Mondial en salle de Valence. Il est 7e aux JO de Pékin, Vanessa Boslak 9e.

2009 – Renaud Lavillenie, champion d'Europe en salle à Turin avec 5,81 m. Il est le 2e Français à 6 m, en passant

6,01 m, le 21 juin, à Leiria, nouveau record de France, aux championnats d'Europe des Nations. Au Mondial de Berlin : Mesnil 2e avec 5,85 m, Lavillenie 3e avec 5,80 m.

2010 – Renaud Lavillenie, champion d'Europe à Barcelone avec 5,85 m, Damiel Dossevi 5e, Romain Mesnil 8e.

2011 – Renaud Lavillenie, champion d'Europe en salle à Bercy avec un record de France à 6,03 m (devant Jérôme Clavier 5,76 m). Il tente... 6,16 m ! Il est 3e au Mondial à Daegu avec 5,85 m.

2012 – Renaud Lavillenie, champion du monde en salle à Istanbul avec 5,95 m, champion d'Europe en plein air, à Helsinki avec 5,97 m. Il devient le 3e champion olympique français de la perche à Londres, le 10 août, avec 5,97 m.

2013 – Renaud Lavillenie, champion d'Europe en salle à Göteborg à 6,01 m et un essai manqué de très peu à 6,07 m. Il passe 6,02 m à Londres avant le Mondial. Médaille d'argent à Moscou avec 5,96 m. Victorieux de la Ligue de diamant 2013.

NB – À noter qu'en concordance avec les nouveaux règlements IAAF, depuis 2000, le record de la perche est désormais commun s'il est battu en salle ou en plein air.

Remerciements de l'auteur

En tant qu'ancien responsable du groupe olympique et leader de l'athlétisme à *L'Équipe*, j'ai été témoin des plus grands événements nationaux, mondiaux et olympiques de l'athlétisme pendant près de trente-cinq ans, et donc de toute la carrière de Pierre Quinon, y compris son couronnement olympique à Los Angeles. Mais la conception de cet ouvrage n'aurait pas été possible sans l'aide précieuse des personnes suivantes :

– Madame Jeanine Quinon, mère de Pierre.

– Madame Caroline Large-Quinon, son ex-épouse.

– Bernard Amsalem, président de la FFA et Jean Gracia, directeur général.

– Jean-Claude Perrin, Maurice Houvion, Georges Martin, Alain Ripoll.

– Éric Neyvoz, son ami intime.

– Jean Galfione et Renaud Lavillenie.

– Alain Behm, professeur d'EPS à Roussillon et entraîneur au Rhodia Club.

– Stéphane Diagana, Odile Diagana, Maryse Éwanjé-Épée, Marc Maury, William Motti, ses amis.

– Ludivine Mogno.

– Jean-Claude Killy et Michel Hidalgo.

– Le Pr Gérard Saillant.

– Ses amis perchistes : Thierry Vigneron, Patrick Abada, Jean-Michel Bellot, Philippe Collet, Philippe Houvion, Philippe Sivillon, Alain Morineau... et Sergueï Bubka.

– Les éducateurs et entraîneurs : Louis Fabiani, Jean-Paul Forlot, Jacques Collet, Jacques Victor, Patrick Barnaud.

– Médias et communication : Olivier Margot, Françoise Inizan, Marc Ventouillac, Nicolas Herbelot, Jean-Denis Coquard, Stefan Lhermitte, Jean-Christophe Collin, Hervé Tardy, Pierre Perrin, René Auguin, Éric Lahmy, Alain Lunzenfichter.

– Peinture : Caroline Bocquet, Gérard Serre, Dominique Baviera. Rugby : Mickaël Vaccino.

– Archives *L'Équipe* : Danielle Coussot, Thierry Dengerma, Dominique Bartholomé, Boris Larignon. Stats : Jean Gilbert.

Crédits photographiques du cahier central :

Page 1 : © Legros-Lecoq/Presse Sports ; Page 2 : © DR ; Page 3 : Haut © Montgermont/Presse Sports - Bas © Presse Sports ; Page 4 : © Legros-Lecoq/Presse Sports ; Page 5 : © Legros-Lecoq/Presse Sports ; Page 6 : © DR ; Page 7 : © De Martignac/Presse Sports, © Martin/Presse Sports, © Fablet/Presse Sports ; Page 8 : © Mounic/Presse Sports

Direction : Jean-Louis Hocq
Éditeur : Benoît Bontout
Collaboration éditoriale : Camille Dauchat
Création graphique couverture et portfolio : Thierry Sestier
Composition : Nord Compo
Fabrication : Laurence Ledru-Duboscq

ISBN : 978-2-263-06321-3
Code éditeur : S06321
Dépôt légal : octobre 2013
N° d'impression : 2005162
Imprimé en France par Bussière

Retrouvez-nous sur www.solar.fr

Solar | un département **place des éditeurs**

place des éditeurs